文章力の基本100題

阿部紘久
Hirohisa Abe

光文社

はじめに

この本は、1つ1つクイズを解くようにして、100の課題文について考えていくと、実践的な文章力がしっかり身につくように構成されています。

取り上げた多くの例文は、社会人や学生が実際に書いたものです。それは必ずしも誤文ではありませんが、明快とは言えないものです。

一般の人が書く文章は、「事実関係や自分の考えを、簡潔・明瞭に伝え、理解と共感を得る」ことを目的としたものだと思いますが、その目的に照らした時に、どこかに改善すべき点がある文章です。

各項目の冒頭にある「原文」の下には、「ヒント」が書かれています。それを足がかりにして、あなただったらどう書くかを考えてみてください。

その反対の右頁《ページ》には、「改善案」と、「ポイント」「類例」などが記されています。

「第1部 基礎編」では、課題文を検討しながら、「明快な文章を書くための55のチェックポイント（CP）」を、系統的に説明していきます。長年文章指導をしていて、多くの社会人や学生が陥りがちな55の問題点に気づきました。それを整理したのがこの第1部です。

「第2部 応用編」では、その55のチェックポイントを自在に使って、ヒントなしに改善案を作ることに挑戦してみてください。ここには45問がありますが、それを解きながら、もし自分の弱点を見つけたら、もう一度「第1部 基礎編」の該当部分を見直してみてください。

本書には、55のチェックポイントをまとめたカードが挟まれています。最初はそのカードで右頁の改善案を隠して左頁を読み、あなたなりの改善案ができたら、そのカードを次の頁に移して、左右の頁を比較検討してみてください。

この本で示された改善案が、唯一無二のものではありません。ポイントがつかめたら、他の案についても考えてみることをお勧めします。

このようにして基礎編と応用編の合計100の課題文を解いていくと、「明快な文章を書くためのチェックポイント」をさまざまな角度から何度も吟味することになります。それによってあなたの文章力は確実に高められるはずです。

私はビジネスの世界で企画畑、国際畑を歩き、会社の経営にもあたりました。その後に、エッセイスト兼文章教師になりました。

この本の背景には、私の長年の実務経験があります。それが皆様のお役に立つものであれば幸いです。

著者

注：「チェックポイント」を、時に「CP」と表記します。

文章力とは何か

「文章力」、すなわち良い文章を書く力は、次の７つの要素から成り立っていると私は考えています。

⑴よいテーマを見つける「着想力」
⑵テーマに関わるさまざまな事象に連想を広げる「連想力」
⑶その中で書くべきことを峻別《しゅんべつ》する「優先順位の判断力」
⑷書くべきことを「構造的に把握する力」（因果関係などの論理的構造、時間的・地理的関係など）
⑸そこに自分独自の考えを加える「創造性、独自性」
⑹読み手の立場、心情、知識レベルなどを理解する「人間理解力」
⑺言わんとすることを、読み手に伝わる簡潔・明瞭な言葉で表現する「言語表現力」

⑴〜⑸は、「自分の考えを組み立てる力」です。そこに、「相手（読み手）のことを理解する力」と「的確な言語表現力」が加わったものが文章力です。

この定義は最初に文章論を書いた時から変わっていませんが、人間は言葉を使って考えますから、実際には考えることと言葉を探すことは同時に行われています。的確な言語表現にたどり着いた時に、「言いたいことはこれだ！」と考えがまとまるのです。

目　次

第1部 基礎編

ここでは、課題文を検討しながら、
「明快な文章を書くための55のチェックポイント」
を、系統的に説明していきます。

第１章　「文」にして伝える

文章の中には、いくつもの言葉が、お互いに何らかの関係を持って並べられています。

たとえば「空が青い」という文は、「空というもの」（主語）が、「青いという状態にある」（述語）ということを意味しています。

文の最も基本的な形は、このような「主語＋述語」です。

もう１つの基本的な形は、「彼は車を買った」という形、つまり「主語＋目的語＋述語」です。

文章力を身につけるのはとても難しいと考えている人がいますが、この２つの基本的な形をきちんと作れるようになれば、半分は目的を達したと言えると思います。逆に言えば、それだけ「文になっていない文」が世の中に氾濫していて、読み手を困惑させているのです。

この第１章では、「『文』にして伝える」という基本をしっかり身につけたいと思います。

CP 01. 述語の動詞をしっかり書く

原文

(1)各線とも平常通りの運転です。

(2)彼は現役続行に強い意欲です。

(3)世界の自動車産業が難局である。

‖ヒント

これらの文のどこに問題があるのかを考えてみましょう。答えは右頁にありますが、まずはそれをカードで隠して考えてみてください。

読み手に「事実関係」や「自分の考え」を伝えるためには、本章の扉に書いたように、

「主語」＋「述語」

「主語」＋「目的語」＋「述語」

などの形をとって、

「誰（何）が、どうなのか、何をしたのか」

「誰（何）が、誰（何）に、何をしたのか」

などを明確に表現する必要があります。

その意味で、上の３つの例文には、共通する問題点があります。それを見つけてみてください。

因《ちな》みに、(1) (2) はテレビで耳にした表現です。

改善案

(1)各線とも平常通り運転されています。
(2)彼は現役続行に強い意欲を持っています。
(3)世界の自動車産業が、難局に直面している。

ポイント

原文は、いずれも「名詞」+「です」の形で終わっています。述語の動詞をきちんと書くことを怠った不完全な文だと思います。

書かれるべき動詞がしっかり書かれていると、読み手は文章を気持ちよく読み、スラスラと理解することができます。

類例

我が国のジーンズの半数以上は、中国を中心とする海外工場での製造だ。

↓

我が国のジーンズの半数以上は、中国を中心とする海外工場で製造されている。

「半数以上は、製造されている」と動詞を書けば、主語と述語がしっかりかみ合います。

CP 02. 宙に浮いた言葉を作らない

原文

母は父への気配りや、私たち子供のことも常に思ってくれています。

‖ヒント

（CP01）は、「運転されています」と書くべきところを「運転です」のように述語をはしょってしまうケースでしたが、ここでは、述語が全く脱落してしまっています。それではますます文の形になりません。

「コラム１」（50頁）で述べるように、日本語は「述語中心言語」ですから、述語をしっかり書くことが大切です。

改善案

母は父への気配りを欠かさず、私たち子供のことも常に思ってくれています。

ポイント

原文には、「父への気配り」を受ける述語がありませんでした。

こういう場合、「父への気配り」が「宙に浮いている」と私は表現しています。ある言葉を提示したまま、それを適切な述語で受けないと、宙に浮いてしまうのです。

類例

自動車産業がガソリン高の影響で、世界的に新車の売れ行きが鈍っている。

⬇

自動車産業が苦境に陥っている。ガソリン高の影響で、世界的に新車の売れ行きが鈍っているからだ。

「自動車産業」を受ける述語がありませんでしたので、「苦境に陥る」という述語を補いました。

日々の練習も、年に一度の大会当日に失敗してしまえば、それまでの努力が水の泡になります。

⬇

年に一度の大会当日に失敗してしまえば、それまでの日々の練習や努力が水の泡になります。

> この場合は、「日々の練習」が宙に浮いていました。

その人は忙しいはずなのに基本的に笑顔、誰かと話す時は明るく笑っていて、全く忙しさを感じさせません。

⬇

その人は忙しいはずなのに、誰かと話す時はいつも明るく笑っていて、全く忙しさを感じさせません。

> 「基本的に笑顔」がどこにもつながっていません。「を浮かべている」などの述語を補う案もありますが、そうすると後の「笑っている」と重複してしまいます。「基本的に」を「いつも」という言葉に替えれば、同じ意味を表せます。

山に登る時は、十分な準備が必要です。それらは、体力トレーニング、地図の確認、登山計画の冊子の作成など、１つの合宿のためには部員同士の協力が欠かせません。

⬇

山に登る時は、十分な準備が必要です。それらは、体力トレーニング、地図の確認、登山計画の冊子の作成などです。１つの合宿のためには部員同士の協力が欠かせません。

または

山に登る時は、十分な準備が必要です。１つの合宿のためには、体力トレーニング、地図の確認、登山計画の冊子の作成などを、部員同士が協力して進めることが必要です。

原文は、「それらは」を受ける述語を書き忘れて、いつの間にか次の文に移ってしまっていました。第２の改善案のように、「それらは」と書かず、いきなり準備の中味の話を始める書き方もあります。

料理のレシピのアレンジや、安い食材を求めて遠くまで買い出しに行きました。

↓

料理のレシピをアレンジし、安い食材を求めて遠くまで買い出しに行きました。

「レシピのアレンジ」がどこにもつながっていませんでしたので、「する」という述語を補いました。

CP 03. 述語の共用にご用心

原文

イタリアではサッカーの試合の視聴率、観客動員数が多い。

ヒント

ここでは、2つのものが「多い」と言っています。何と何が「多い」のでしょうか。その表現は、適切ですか。

改善案

イタリアではサッカーの試合の視聴率が高く、観客動員数も多い。

ポイント

原文は、「視聴率が多い」「観客動員数が多い」を短くした形をとっていますが、「視聴率」は「多い」ではなく、「高い」と言います。
いくつかの主語や目的語を並べた時に、最後に来た言葉にふさわしい述語1つで済ませようとすると、とかくこのような不完全な文になってしまいます。

類例

突然の雨になったらコンビニに入って、雨宿りかビニール傘を買う。

⬇

突然の雨になったらコンビニに入って、雨宿りをするかビニール傘を買う。

「雨宿り」は「買う」ではなくて「する」です。

家事の合間をぬって、音楽鑑賞やDVDを見たりしている。

↓

家事の合間をぬって、音楽鑑賞をしたりDVDを見たりしている。

「音楽鑑賞を見る」は、変です。

就職活動の時、先輩のアドバイスや本を読むことで、文章の書き方をとことん勉強した。

↓

就職活動の時、先輩のアドバイスを得たり本を読んだりして、文章の書き方をとことん勉強した。

原文は、「アドバイスを読む」になってしまっています。

テニス部の合宿では集団生活のルールや、人の輪も広がり、友達の大切さなど、多くのものを学ぶことができる。

↓

テニス部の合宿では人の輪も広がり、集団生活のルールや友達の大切さなど、多くのものを学ぶことができる。

原文は、「集団生活のルールが広がる」になっています。
「人の輪が広がる」「ルールや多くのものを学ぶ」と、述語をしっかり書き分けましょう。

朝5時ごろに目を覚ますと姉は既に起きていて、朝食の準備と弁当をこしらえ、新聞紙にくるんでくれた。

↓

朝5時ごろに目を覚ますと姉は既に起きていて、朝食を準備し、弁当をこしらえて新聞紙にくるんでくれた。

> これはある新聞記事をアレンジしたものです。「朝食の準備をこしらえ」になっていました。

地震の際ライフラインの破損箇所を少なくできれば、経済的損失額の極小化や避難者数も減少させることができる。

↓

地震の際ライフラインの破損箇所を少なくできれば、経済的損失額や避難者数を減少させることができる。

> 原文の「極小化や」は、どこにもつながっていません。「を極小化し」という述語にして受ける手もありますが、ここではむしろ、「減少させる」という1つの述語を共用するのが得策です。
> これは、述語の共用が望ましいケースでした。

CP 04. 主語と述語をかみ合わせる

原文

私が一生懸命教えた結果、「分かった」と言って笑顔を見せてくれたり、成績が上がったりすると、本当にやりがいのある仕事です。

ヒント

この文の主語は何かを考えてみてください。

改善案

私が一生懸命教えた結果、「分かった」と言って笑顔を見せてくれたり、成績が上がったりすると、本当にやりがいを感じます。

または

私が一生懸命教えた結果、「分かった」と言って笑顔を見せてくれたり、成績が上がったりすると、この仕事は本当にやりがいのある仕事だと思います。

‖ポイント

「私が一生懸命教えた結果成績が上がると、私はやりがいを感じます」と言いたいのでしょう。そこに「やりがいのある仕事です」という述語が来たら、主語と述語がかみ合いません。
第2の改善案も、「この仕事は、やりがいのある仕事だと思います」ですから、主語は「私」で一貫しています。

‖類例

社員の多くが会社の経営理念を知っていて、それが重要だと考えている。これは自分の仕事の社会的意義について積極的に理解したがっていると推測できる。

⬇

社員の多くが会社の経営理念を知っていて、それが重要だと考えている。これは自分の仕事の社会的意義について積極的に理解したがっていることを裏付けるものである（または　理解したがっている証《あかし》である）と推測できる。

> 「これは」は、「理念を知っていて、重要だと考えている事実は」です。その事実は「理解したがっている」では、かみ合いません。その事実は「理解したがっていることを裏付けるもの」で、かみ合います。

地球環境の急激な変化は、人類が大量のエネルギーを使い続けてきた結果排出された温室効果ガスの影響があると思います。

⬇

地球環境の急激な変化は、人類が大量のエネルギーを使い続けてきた結果排出された温室効果ガスの影響で生じたものだと思います。

> 「変化は、…の影響で生じた」ならかみ合いますが、「変化は、…の影響がある」ではかみ合いません。

現在の大学生の夢が、幸せな老後と考えてしまうことも納得できる。

⬇

現在の大学生が、「夢は幸せな老後（を迎えること）」と考えてしまうことも納得できる。

または

現在の大学生の夢が、「幸せな老後（を迎えること）」なのも納得できる。

原文は、「夢が、考えてしまう」となっているので、主語と述語がかみ合いません。

兄や姉の大学生活を見ていた私にとって、バラ色のキャンパスライフを思い描いていた。

⬇

兄や姉の大学生活を見ていた私は、バラ色のキャンパスライフを思い描いていた。

「私にとって」とせずに、「私は」とすれば、主語と述語がかみ合います。
これは、後の「主語の形を単純にする」（**CP12**）に当てはまる文例でもあります。

CP 05. 目的語と述語をかみ合わせる

原文

(1) 子供は、プールを習い始めた。

(2) 妹は、料理教室を習い始めた。

‖ヒント

「プール」を「習う」と言いますか。

「料理教室」を「習う」もおかしいですね。

改善案

(1) 子供は、水泳を習い始めた。 または

子供は、プールに通い始めた。

(2) 妹は、料理を習い始めた。 または

妹は、料理教室に通い始めた。

‖ポイント

「主語＋述語」のみならず、「目的語＋述語」の組み合わせにも注意を払ってください。

‖類例

アメリカ映画を見ると、英語の勉強や、文化、価値観など、いろいろなことを学べる。

↓

アメリカ映画を見ると、英語や、文化、価値観など、いろいろなことを学べる。

「英語の勉強を学ぶ」ではなく、「英語を学ぶ」です。

部活動は、卒業するまで所属していた。

↓

部活動を、卒業するまで続けていた。

または

部には、卒業するまで所属していた。

> 「部活動を続ける」「部に所属する」という組み合わせがチグハグにならないようにします。

自分のコミュニケーション能力の不足を痛感し、上司や今いる組織の中での仕事に危機感を覚えている。

↓

自分のコミュニケーション能力の不足を痛感し、上司との関係や、今いる組織の中での仕事に危機感を覚えている。

> 「上司に危機感を覚えている」ではなく、「上司との関係に危機感を覚えている」でしょう。

彼に気合をかけてほしい。(ある新聞記事から)

↓

彼に気合を入れてほしい。

> 「声をかける」「発破をかける」「気合を入れる」です。

10 年後の自分についていろいろ考えてみても、思い浮かばない。

↓

10 年後の自分についていろいろ考えてみても、何も思い浮かばない。

これは、目的語が脱落していたケースです。

＊

この辺りでもう一度、本章の最初に、

「主語」＋「述語」

「主語」＋「目的語」＋「述語」

の組み合わせができていない文、すなわち「文になっていない文」が多く書かれていると指摘したことを、思い出してください。注意して見ると、あなたの周りにもたくさんあると思います。

それがきちんとできると、文章は見違えるように良くなります。一見複雑に見える文章も、このような基本的な言葉の組み合わせからできているのです。

ただし、「コラム１」(50頁) で述べるように、日本語には主語なし文がたくさんあります。そこには、主語は書かれていません。因みにこの（CP05）の類例は、いずれも主語なし文でした。

CP 06. 状況・条件と述語をかみ合わせる

原文

世の中でよく言われる職場の風通しは、情報の共有化をスムーズにする方法や提案のしやすさなど、制度面を改善する方法が多く検討されている。

‖ヒント

状況、目的、条件などと、述語がしっかりかみ合っているかどうかも確認してください。

改善案

世の中で職場の風通しについて議論される時には、情報の共有化をスムーズにする方法や提案のしやすさなど、制度面を改善する方法が多く検討されている。

‖ポイント

原文の「職場の風通しは」はあたかも主語のようですが、書きたかったのは、「風通しについて議論される時には」という単なる「状況」の説明だったのだと思います。

‖類例

地球環境を守るためには、誰か一人がやったから良くなるわけではない。

⬇

地球環境を守るためには、多くの人が力を合わせねばならない。

または

誰か一人がやったからと言って、地球環境を守れるわけではない。

これは、「目的」や「条件」の説明です。言いたいことをシンプルに整理すれば、文の前半と後半がかみ合いやすくなります。

CP 07.「こと」で受ける

原文

母の頼りになるところは、たとえば私が悩んでいると、「やってしまったことを、いつまでも後悔していては駄目」などと助言してくれます。

‖ヒント

「ところ」という主語を、「助言してくれる」という述語で受けているところに問題があります。

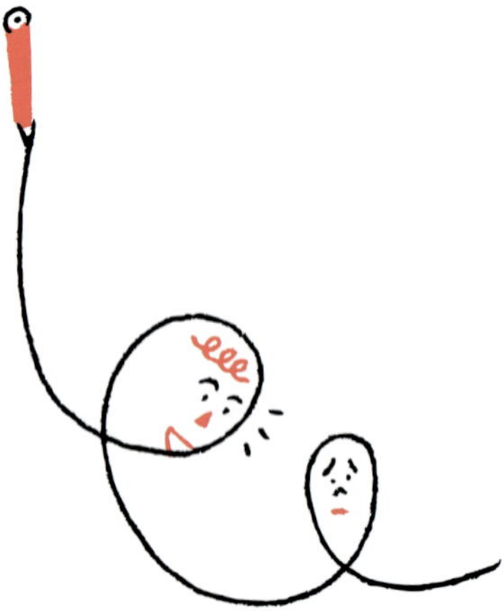

改善案

母の頼りになるところは、たとえば私が悩んでいると、「やってしまったことを、いつまでも後悔していては駄目」などと助言してくれることです。

‖ポイント

「母は、助言してくれます」なら完璧にかみ合っていますが、「母の特徴は」とか、「長所は」「役割は」「いいところは」などときたら、「助言してくれることです」と名詞で受けなければかみ合いません。

‖類例

東京のいいところは、交通の便が良い。

↓

東京のいいところは、交通の便が良いことだ。

> 「東京は、交通の便が良い」は適切ですが、「東京のいいところは」と来たら、「交通の便が良いことだ」と受けます。

彼の欠点は、時間にルーズである。

↓

彼の欠点は、時間にルーズなことである。

CP 08. 最初と最後に同じことを書かない

原文

政府がするべきことは、一人一人の意識改革を目指して、メディアと協力して環境問題をもっとアピールするべきだと思う。

‖ヒント

得てして人は、強い思いがあるところから書き始めようとしますが、その結果、最初と最後に同じことを書いてしまわないようにしてください。

改善案

政府は、一人一人の意識改革を目指して、メディアと協力して環境問題をもっとアピールするべきだと思う。

ポイント

一番言いたいことを最初に言おうとすると、原文のように、「するべきことは…するべきだ」という書き方になってしまうことがあります。つまり、主語と述語に同じことを書いてしまうのです。

「政府は、…アピールするべきだ」という組み合わせを、はっきりつかんでください。

類例

リハビリの意欲を高めるためにパジャマから運動しやすい服装に着替えれば、気分にも変化が生まれ、リハビリの意欲が高まると期待される。

↓

パジャマから運動しやすい服装に着替えれば、気分にも変化が生まれ、リハビリの意欲が高まると期待される。

または

リハビリの意欲を高めるためには、パジャマから運動しやすい服装に着替え、気分を変えるといい。

第２の改善案のように、一番言いたいことを最初に書いてももちろんいいのですが、それを文末で的確に受けてください。

私が思うのは、番組を面白いものにするためには、こういう要素も必要ではないかと思う。

⬇

私は、番組を面白いものにするためには、こういう要素も必要ではないかと思う。

ここには、"I think…" と書き始める英語の影響があるのかもしれません。でも日本語の述語は、原則として終わりに来ます。

考えてみると、私も無意識に「人がやっているから自分もやる」と、周囲と同じことをしていることがあると思います。

⬇

考えてみると、私も無意識に「人がやっているから自分もやる」と、周囲と同じことをしていることがあります。

「考えてみると」と「思います」が重複しています。

この経験を通じて学んだことは、人の上に立つことの難しさを学びました。

⬇

この経験を通じて、人の上に立つことの難しさを学びました。

「学んだことは…学びました」となっていました。

世界で平均気温が上昇している原因は、温室効果ガスの濃度が増加して起こった地球温暖化である。

↓

世界で平均気温が上昇している原因は、温室効果ガスの濃度が増加していることである。

この原文は、「地球温暖化の原因は、地球温暖化である」となっています。

うまく伝わらない理由として、修飾語や強調語を多く使ってしまうことが原因ではないかと思う。

↓

うまく伝わらない理由は、修飾語や強調語を多く使ってしまうことではないかと思う。

「理由」と「原因」が重複していますので、最初と最後に同じことを書いていたことになります。

CP 09. 主語を間違えない

原文

日本自動車販売協会が最近まとめた長期ビジョンは、2020 年度の国内新車販売が 2007 年度と比較して 10%減少の 476 万台になるという見通しを発表した。

ヒント

これは、主語を間違えてしまったケースです。

改善案

日本自動車販売協会は最近まとめた長期ビジョンで、2020年度の国内新車販売が2007年度と比較して10%減少の476万台になるという見通しを発表した。

ポイント

「長期ビジョンは、発表した」ではなく、「協会は、発表した」です。

類例

リレーで他の選手を抜いた時の歓声が、「走っていて良かったな」と一番思う瞬間でした。

⬇

リレーで他の選手を抜いて歓声が上がった時が、「走っていて良かったな」と一番思う瞬間でした。

「歓声が、瞬間でした」ではなく、「歓声が上がった時が、瞬間でした」です。

私の性格は、良い意味でも悪い意味でも人に影響されやすい。

⬇

私は、良い意味でも悪い意味でも人に影響されやすい。

> 「性格は、影響されやすい」ではなく、「私は、影響されやすい」です。

私の今までの人生は、経済的にいつも苦しいという環境の中で育ってきた。

⬇

私は今まで、経済的にいつも苦しいという環境の中で育ってきた。

> 「人生は育ってきた」ではなく、「私は育ってきた」です。
> 上の２つの例は、「私の性格について書きたい」「私の今までの人生について書きたい」という思いが最初にほとばしり出たのでしょうが、それが述語とかみ合っていませんでした。

言葉は自分の意を伝え、相手の気持ちを理解することもできる。

⬇

（人は）言葉によって自分の意を伝え、相手の気持ちを理解することもできる。

「言葉は理解する」ではなく、「人は理解する」です。

映画を見るということは、いろいろなことを学べる。

↓

映画を見ると、（人は）いろいろなことを学べる。

この文の主語は「見ることは」ではなく、「人は」です。
日本語の場合、最後の２つのような文では、「人は」という主語は書かない方が自然です。

よい出会いに恵まれること、これが私の人生です。

↓

私（の人生）は、よい出会いに恵まれています。

「恵まれることが、私の人生だ」ではなく、「私の人生は、恵まれている」でしょう。
「何がどうなのか」という「文の幹」を明確につかみ、それを素直に表現してください。「私は」という主語の方がシンプルでいいと思います。

CP 10. 主語を一貫させる

原文

多くの人は、難解な言葉が多用されると、ほとんど何も理解されないまま読み飛ばされてしまう。私自身も、難しい本を数ページで放り出したことがある。

ヒント

最初から最後まで、同じ主語で一貫させるように書いてみてください。

改善案

多くの人は、難解な言葉が多用されると、ほとんど何も理解しないまま読み飛ばしてしまう。私自身も、難しい本を数ページで放り出したことがある。

‖ポイント

原文は、「人は」と書き始めて、途中で断りなしに「文章」が主語になり、最後にまた「人（私）は」に戻っています。

このように主語と目的語が途中ですり替わると、「能動」が「受動（受け身）」に変わったり、「受動（受け身）」が「能動」に変わったりして、読み手を戸惑わせます。

‖類例

大学の授業で学生が自分の意見を堂々と主張する機会を設け、国際的に通用する人間に育ってほしい。

⬇

大学の授業で学生が自分の意見を堂々と主張する機会を設け、国際的に通用する人間を育ててほしい。

原文の主語は、前半が「大学」で、後半が「学生」です。改善案は、主語を「大学」で一貫させました。

聞かない私に耐えかねて、母に思いっきり頬をぶたれた。

↓

聞かない私に耐えかねた母に、思いっきり頬をぶたれた。

または

聞かない私に耐えかねて、母は思いっきり私の頬をぶった。

> 原文の前半の主語は「母」、後半の主語は「私」です。改善案は、「私」または「母」のどちらかに、主語を統一しました。

「急いでいるんだ」と言ったお客様に最後まで目を合わせてもらえず、怒って帰ってしまった。

↓

「急いでいるんだ」と言ったお客様は、最後まで私に目を合わせることなく、怒って帰ってしまった。

> 改善案は、主語を「お客様」で貫きました。

弟は３人兄弟の末っ子だ。上の２人を見ながら育ってきたので、あまり失敗がない。両親も３人目ともなると、手際がいい。リアルな見本が間近にいるので、高校生なのにもう将来のこともしっかり考えている。

↓

弟は３人兄弟の末っ子だ。上の２人を見ながら育ってきたので、あまり失敗がない。リアルな見本が間近にいるので、高校生なのにもう将来のこともしっかり考えている。両親も、３人目の子供なので手際よく育ててきた。

原文の主語は、「弟」から「両親」に変わり、その後また「弟」に戻っていました。
改善案のように、弟の話が終わってから両親の話をすれば、一度の切り替えで済みます。
主語を切り替える時は、文を分け、新しい主語を明示します。

いつも笑顔を絶やさない母に家族全員が励まされ、家の中をとても明るくしてくれます。

↓

いつも笑顔を絶やさない母に家族全員が励まされています。母は、家の中をとても明るくしてくれます。

原文の前半の主語は「家族全員」ですが、後半の主語は「母」です。ここでも文を分け、それぞれの主語を明示しました。

CP 11. 主語をたくさん並べない

原文

Sテレビが岐阜県の建設業者が岐阜県が裏金作りを行っているとした偽の証言を確認せずに報道したことが問題となった。

ヒント

これを最初に読むと、1つの文に、「Sテレビが」「建設業者が」「岐阜県が」「報道したことが」という4つの主語が登場するので、頭が混乱してしまいます。

時間を追って事実関係を整理してみると、この文は、

①岐阜県のある建設業者が、「岐阜県が裏金作りを行っている」という偽の証言をした。

②Sテレビは、その真偽を確認せずに報道した。

③それが問題となった。

という3本の幹からなる話なのです。

ここでは主としてSテレビの姿勢が問題にされていますから、それを主語にして次頁のように書けば、スラスラ理解できる文章になります。

改善案

Sテレビが「岐阜県が裏金作りを行っている」と報じて問題となった。実際には、建設業者が行った偽の証言を、真偽を確認せずに報道していたのだ。

‖ポイント

(1)まずは、1つの文の主語を1つにして、言いたいことを整理します。(前頁の①、②、③)
(2)その際、誰かの発言や考えを「　」で示すと、分かりやすくなります。(前頁の①)
(3)「建設業者が行った偽の証言を」「Sテレビが報道した」というように主語と目的語と述語を明確に書き分けます。

‖類例

企業は生き残りをかけて、米クライスラーは中国企業と提携したり、他社との提携がカギになると言える。

⬇

企業は生き残りをかけて、他社との提携の道を模索している。たとえば米クライスラーは、中国企業と提携している。

主語が2つあるので、文も2つに分けました。

CP 12. 主語の形を単純にする

原文

私にとって、理系・文系という枠組みに疑問を持っている。

‖ヒント

声に出して読んでみて、文の前半と後半がかみ合っているかどうかを確認してみてください。

声に出して読んでみるのは、とても有効な方法です。辞書では単語や成句、若干の例文は調べられますが、それらを的確に組み合わせて文章を書く時には、幼時からの言語体験に基づいて作られた「体内辞書」が頼りなのです。人間は何万年もの進化の過程で言語文法を本能の一部として獲得したという説もあります。
自分の書いた文章を声に出して読んでみると、その体内辞書とのズレを発見しやすくなります。そこで少しでも違和感があったら、妥協せずにその原因を探ってみてください。

改善案

私は、理系・文系という枠組みに疑問を持っている。

‖ポイント

「○○は」と始めると、シンプルで分かりやすい文章になります。
「○○にとって」「○○とは」などと少し知的に書こうとすると、文型が複雑になり、述語とうまくかみ合わないことになりがちです。

‖類例

日本人にとって、宗教は世界中の国の中でも密接な関係を保っていないと思います。

⬇

他の国の人に比べて、日本人は宗教との間に密接な関係を保っていないと思います。

「日本人にとって」と書かずに、「日本人は」と書きましょう。
原文の「宗教は」は一見主語のようですが、意味を考えると「人は宗教との間に」と言っているに過ぎません。つまり、主語を「人」で一貫させれば分かりやすくなります。

このイベントに参加したことによって、音楽の仕事に関わるきっかけになった。

↓

このイベントに参加したことが、音楽の仕事に関わるきっかけになった。

「ことによって」とせずに、「ことが」とシンプルに書けば、主語と述語がかみ合います。「きっかけ」は、何かを始める契機（出来事）を意味します。

経営理念とは、価値観を共有することによって社員の心が一つになり会社がまとまります。

↓

経営理念は、価値観を共有することによって社員の心を一つにし、会社をまとめるために掲げるものです。

「経営理念とは、会社がまとまります」では、かみ合いません。「経営理念は」という単純な主語にして、「掲げるものです」とすれば、しっかりかみ合います。

私の好奇心旺盛な性格は、その好奇心を満たすために、大きな出費を招いてしまう。

↓

私は好奇心旺盛なので、それを満たすために、つい大きな出費を招いてしまう。

擬人化した「性格」を主語にすると、文を難しくしてしまいます。「私」を主語にすれば、シンプルになります。

日本の高い技術で、環境に優しいクリーンな東京を作り出すことが、世界の注目を浴びる日本の首都ではないだろうか。

↓

日本の高い技術で、環境に優しいクリーンな東京を作り出せれば、東京は世界の注目を浴びる首都になるだろう。

ここでも長く複雑な主語が、述語とかみ合っていません。原文の主語の部分を前提条件に変えて、「東京」を主語にしました。

充実した図書館が整っているという環境があるということは、学生が教養を深めることができる。

↓

充実した図書館があるので、学生が教養を深めることができる。

「環境があるということは」という長く複雑な主語が、後半とかみ合っていません。
改善案では、「環境」は主語ではなく、理由にしています。そして、「学生」というシンプルな主語を用いました。

コラム１　日本語には主語がないという説

専門家の中には、「日本語にはもともと主語がない」と主張する人が少なくない。

たとえば、「私は一人で港まで歩いて行った」という文は、「私は行った」「一人で行った」「港まで行った」「歩いて行った」のように、４つの言葉がすべて「行った」にかかっており、しかもその順番を自由に変えることができる。だから、「私は」「一人で」「港まで」「歩いて」は、すべて「対等な修飾語」だという見方もできる。

本多勝一『実戦・日本語の作文技術』（朝日新聞社）にも、

「日本語は述語中心言語であって、すべての修飾成分は述語によって統括される。いわゆる『主語』も修飾成分のひとつにすぎない」

とある。欧米語では、このようなことはあり得ない。

日本語には、「雨だ」「寒い」「晴れた」や、「魚を三枚に下ろします」「キャベツを千切りにします」のように、主語が不要な文型もたくさんある。

一方欧米語は、主語なしには文を作ることができないし、主語が決まって初めて動詞が決まる。

さらに金谷武洋は、

この本は、タイトルがいいので、大いに期待した。図書館ですぐ読んだが、得るところはなかった。まったく期待はずれだった。

という文章は、次のような意味だと指摘した。

(この本の) タイトルがいいので、
(この本に) 大いに期待した。
(この本を) 図書館ですぐ読んだが、
(この本から) 得るところはなかった。
(この本が) まったく期待はずれだった。

(『日本語に主語はいらない』講談社)

つまり、最初の「この本は」の「は」は、いくつもの文にまたがって、さまざまな助詞(の、に、を、から、が)の役割を代行する力を持つ「スーパー助詞」なのである。

だから「この本は」は、主語を表しているというよりは、いくつかの文にまたがる「主題」を提示していると言った方が適切かもしれない。

このように見てくると、日本語のいわゆる「主語」は、欧米語の主語とは性格が明らかに異なるが、それを承知の上で、本書では「主語」という言葉を使っている。それに代る言葉が結局ないからだ。

日本語に主語がないと古くから主張していた三上章も、「主語という用語をそのままにして、その概念内容のほうを切り替えるという手ぬるい方法での成功は、ますます困難だという見込みに立っての主語廃止論です」と書いている。(『象は鼻が長い』くろしお出版)

第２章　明瞭に書く

「最後まで読んで、考えれば分かる」という文章は、読み手に親切な文章とは言えません。「頭を使わなくても、読むそばからスラスラ分かる文章」こそが理想だと思います。

そのカギとなるのは、「相手（読み手）の側に回って感じたり考えたりする想像力」です。それは、社会生活を送る上でも、仕事をする上でも、とても大切な能力です。

CP 13. 主役は早く登場させる

原文

我が家には、毎日勉強に励み頭の良い妹想いの姉がいる。

‖ヒント

「誰の話なのか」について、最初から誤解が生じないように書いてみてください。
そのためには、主役を早く登場させることが肝要です。

改善案

姉は頭が良くて毎日勉強に励むだけでなく、妹想いでもある。

ポイント

読み手は「毎日勉強に励み頭の良い妹」までを読むと、そういう妹の話なのかと思ってしまいます。
その後に、話がひっくり返されます。つまり勉強に励み頭が良いのは、妹ではなく姉なのだと頭の中を切り替えねばなりません。
それなら、主役の姉を冒頭から登場させた方が親切です。

類例

先輩の指導が行き届いていること、やる気のある社員には教育訓練の機会が豊富に与えられることが、この会社の魅力だ。

⬇

この会社の魅力は、先輩の指導が行き届いていること、やる気のある社員には教育訓練の機会が豊富に与えられることだ。

たとえ一瞬でも、「何の話だろう？」と首を傾《かし》げさせないようにします。

CP 14. 因果関係をつかむ

原文

私は初対面の人とも臆せず付き合うことができます。そのため、未知の環境に戸惑うことなく飛び込むことのできる好奇心の強さと、行動力、積極性が強みです。

ヒント

原文は、以下のように書かれています。
「原因」初対面の人とも臆せず付き合うことができる。
「結果」未知の環境に飛び込むことができる。
好奇心が強く、行動力、積極性がある。
この因果関係をチェックしてみてください。

改善案

私は初対面の人とも臆せず付き合うことができます。また、好奇心が強く、行動力、積極性があります。そのため、未知の環境に戸惑うことなく飛び込むことができます。

ポイント

「原因」初対面の人とも臆せず付き合うことができる。
好奇心が強く、行動力、積極性がある。
「結果」未知の環境に飛び込むことができる。

という関係だと思います。つまり、「好奇心が強く、行動力、積極性がある」は、「結果」ではなく「原因」です。

類例

組織つまり集団で目標を達成するには、各人がバラバラの理念を持っていては、経営は成り立ちません。

⬇

各人がバラバラの理念を持っていては、組織つまり集団で目標を達成することができず、経営は成り立ちません。

「原因」各人がバラバラの理念を持っている。
「結果」集団で目標を達成することができない。
経営は成り立たない。

という因果関係を明確にします。

原文は、「目的」「原因」「結果」の順に書かれていますが、「目的」と「結果」は裏腹です。もし「目的」を前面に出すなら、
「組織つまり集団で目標を達成し、経営を成り立たせるためには、各人が同じ理念を持つ必要がある」
という文になります。

映画に関わる仕事がしたいと思うのは、ただ映画を見るのが好きだからというだけではなく、一人でも多くの人に、映画を見る喜びを知ってもらいたい。

⬇

映画に関わる仕事がしたいと思うのは、ただ映画を見るのが好きだからというだけではなく、一人でも多くの人に、映画を見る喜びを知ってもらいたいからだ。

前半には、「思うのは、…が好きだから」ときちんと書いています。後半になって、「からだ」が抜け落ちてしまいました。

オリンピック選手の姿が人の心を打つのは、そのひたむきな姿勢だけでなく、その選手を取り巻く人間関係のドラマを含んでいることが多い。

⬇

オリンピック選手の姿が人の心を打つのは、そこにひたむきな姿勢があるからだけではなく、その選手を取り巻

く人間関係のドラマが多いからでもある。

「心を打つのは、…だからだ」と書けば、因果関係が明確になります。

地球温暖化は、すべての国に関わる深刻な問題だ。それだけでなく、温暖化は海面の上昇をもたらし、農業や生態系にも大きな影響を与える。

⬇

地球温暖化は、すべての国に関わる深刻な問題だ。温暖化は海面の上昇をもたらし、農業や生態系にも大きな影響を与える（からだ）。

「それだけでなく」は取り去るべきです。その後に書かれているのは、地球温暖化によって起こる具体的な問題の例です。
もし、「海面の上昇、農業や生態系への影響などがあるから深刻だ」と考えるなら、「からだ」を付け加えます。

CP 15. 矛盾したことは書かない

原文

ほとんどの場合、私がプリントアウトしていた書類は、パソコンの画面上で読めば十分なものばかりでした。

‖ヒント

この文は、最初と最後が矛盾しています。つまり、同時には使えない２つの言葉が使われています。

改善案

ほとんどの場合、私がプリントアウトしていた書類は、パソコンの画面上で読めば十分なものでした。

ポイント

「ほとんどの場合」と「ばかり」を、同時には使えません。それぞれ「およそ80〜90%」と「100%」という意味だからです。

類例

我が家の食事は、もっぱら和食中心です。

↓

我が家の食事は、もっぱら和食です。　または

我が家の食事は、和食中心です。

この文は決してそのような意味ではないようだ。

↓

この文は決してそのような意味ではない。

または

この文はそのような意味ではないようだ。

「決して」は「100%」、「ようだ」は「多分」ですから、同時には使えません。

CP 16. 修飾語は直前に置く

原文

入社２年目になって、次第に窮屈だと感じた仕事の進め方が、合理的だと感じられるようになった。

ヒント

読み手は「入社２年目になって、窮屈だと感じた」のだと一旦は理解し、後でその逆であったと理解し直すことになります。つまりこの文は、余計な頭を使わせてしまうのです。
常に、「この言葉は、どの言葉を修飾しているのか」を明確に意識してください。

改善案

最初は窮屈だと感じた仕事の進め方が、入社２年目になって、次第に合理的だと感じられるようになった。

‖ポイント

誤解が生じたのは、「次第に合理的だと…」と書かず、「次第に窮屈だと…」と書いたからです。修飾語と被修飾語を離してしまうと、このような誤解が生じます。修飾語は、なるべく被修飾語のすぐ前に置きましょう。

また、２年目の話から始めずに、古い話から時間を追って書けば、誤解が生じにくくなります。「基本は時系列」です。

‖類例

不安を抱えている受験生の少しでも役に立てればいいと思った。

⬇

不安を抱えている受験生の役に少しでも立てればいいと思った。

「受験生の少しでも」という語順は、適切ではありません。「受験生の役に」「少しでも立つ」と続けましょう。

これからはより家族全員が集まることは、難しくなります。

⬇

これからは、家族全員が集まることはより難しくなります。

二、三十年前に比べると、格段に今の子供たちの学力は低下しているという。

⬇

二、三十年前に比べると、今の子供たちの学力は格段に低下しているという。

研修中に必ず、参加者は自分の翌年の目標について皆の前で発表します。

⬇

参加者は研修中に自分の翌年の目標について、必ず皆の前で発表します。

決して一人で考えていても答えは見つかりません。

⬇

一人で考えていても答えは決して見つかりません。

実験を行った本人としての過剰な結果への感情が入ってしまい、報告書に余計な言葉をたくさん書いてしまっていた。

⬇

実験を行った本人として、結果への思いが過剰に入ってしまい、報告書に余計な言葉をたくさん書いてしまっていた。

> 読み手はまず「過剰な結果」と読み、首を傾《かし》げ、最後まで読んでから頭の中で語順を組み替えて理解します。
> 言いたかったのは、「(思いが) 過剰に入る」ということでしょう。その順番に書けば、読むそばからスラスラ分かる文章になります。

よくいい加減な仕事ぶりを評する時に、「上っ面しか見ていない」という言葉が使われる。

↓

いい加減な仕事ぶりを評する時に、「上っ面しか見ていない」という言葉がよく使われる。

> 修飾語と被修飾語がこんなに離れた文章は、読み手に不親切です。
> 文章においては、「思いつく順番と、書くべき順番が異なる」ということを肝に銘ずるべきです。書くべき順番とは、読み手にとって理解しやすい順番にほかなりません。第6章の構成に関する部分で、もう一度そのことに触れます。

CP 17. 遠回しの表現を用いない

原文

時間を守るということは、人との信頼関係にも影響すると思います。

‖ヒント

遠回しに書かれたこの文章を、もっとストレートに書き直してみてください。ここでは「時間を守る」というポジティブな話をしていることにも注目してください。

原文の「時間を守るということは」という主語の設定の仕方は、文を複雑にしてしまいます。それを「時間を守れば」という前提条件にして書くと、分かりやすくなります。(CP12)

改善案

時間を守れば、人との信頼関係ができます。

または

時間を守らないと、人との信頼関係を損なうことになります。

ポイント

「影響する」というような、ぼんやりとした婉曲《えんきょく》な表現は避けるべきです。

ただし、「影響する」という言葉は、「時間を守らないと、信頼関係に影響する」のように、「壊れる、崩れる、損なう」というネガティブなことをあからさまに言わないために、意図的に使われることはあります。

類例

アジア諸国では、靖国神社と日本政府との関わりや、内閣総理大臣や国務大臣が靖国神社に参拝することが政経分離および戦争責任の認識に関わるという議論がなされている。

こういうのを、「奥歯に物が挟まったような言い方」と言います。言いたいことがよく分からないので、改善案を作りかねます。

CP 18. 伝えたいことを特定する

原文

開発業務には、研究のみならず、多岐に亘る仕事があります。中でも重要なのは、週報を書くことです。

‖ヒント

ここでは、「多岐に亘る仕事」が問題です。このような漠然とした包括的な言葉で話を大きく広げてしまうのは、適当ではありません。
その「多岐に亘る仕事」という大きな言葉から、いきなり「週報」という小さな話題に飛ぶのも、意外な感じを与えます。
実は書き手は、「研究の過程や結果を記録することも大切」と言いたかったのです。

改善案

開発に携わる者にとっては、研究はもちろん、その過程や結果を記録し、関係者の間で共有することも大切な仕事です。中でも重要なのは、週報を書くことです。

‖ポイント

何もかもを含む大きな言葉は、逆に僅《わず》かのことしか伝えてくれません。自分が書きたいことを特定しましょう。

‖類例

英会話学校チェーンを経営するA社は、受講生の夢実現のために真剣に取り組んでいます。社員もやりがいを持って、自分の夢実現に取り組んでいます。

↓

英会話学校チェーンを経営するA社は、受講生の英会話力の着実な向上に真剣に取り組んでいます。社員も、受講生の目標達成を支える仕事にやりがいを持っています。

「受講生の夢実現」というような漠然とした美しい言葉よりは、「英会話力の着実な向上」というような、足が地に着いた表現を勧めます。「社員の夢実現」も、具体的な意味が分かりません。

CP 19. 目に浮かぶように書く

原文

アルバイト先では、「もうやらなくていいから」と言われるまで清掃をしていました。また授業のプレゼンテーションでは、資料作りに力を注ぎました。おかげで、毎回、資料が見やすくて綺麗だとの評価をいただきました。これらのことから、何事も丁寧に取り組む自信があります。

ヒント

文章は「理解」と「共感」を求めて書くものですが、人は抽象的な言葉にはあまり共感を覚えません。頭の中に具体的なイメージ（絵）が浮かんで来た時に、そこに感情移入して共感を覚えるのだと思います。

イメージを浮かべてもらうためには、なるべく具体的に書く必要があります。上の原文は、どのような点をもっと具体的に書いたらいいと思いますか。

改善案

２年半アルバイトを続けたパン屋さんでは、毎日「もうやらなくていいから」と言われるまで丁寧に清掃をしていました。授業のプレゼンテーションでは、文章、表、グラフ、写真、イラストなどを組み合わせる工夫をしたところ、毎回資料が見やすくて綺麗だとの評価をいただきました。

ポイント

「アルバイト先」だけでは、具体的な絵が何も浮かびません。「２年半、パン屋さんで」と書くと、イメージが湧きます。
「毎日」にも意味があります。
「資料作りに力を注ぎました」と漠然と書かずに、なるべく具体的に書きます。資料の具体例があれば、さらに良くなります。
ここまで書けば、「これらのことから、何事も丁寧に取り組む自信があります」は、不要です。「自分のことは事実に語らせる」「そこに自らを礼賛するような解説を加えない」というのが、相手の理解と共感を得る秘訣です。

‖ 類例

力を入れて取り組んだのは、中学・高校時代に所属していた吹奏楽部の活動です。私はホルンを担当していました。高校３年生の時には、４人をまとめるリーダーを務めました。

⬇

中学・高校時代に６年間、吹奏楽部でホルンを吹いていました。土日もほとんど休みなしに、毎日練習を続けました。高校３年生の時には、４人をまとめるリーダーを務めました。

> 「吹奏楽部で」と書けば、「所属していた」は不要です。（CP28）
> 「活動」「担当」というような漢語の名詞で間接的に書かずに、より具体的な「吹いていました」という動詞１つで表現します。
> 改善案では、「力を入れて取り組んだ」という抽象的な表現の代わりに、「６年間」「土日もほとんど休みなしに毎日」という具体的な事実を書き加えました。その「事実」が多くのことを語ってくれます。

*

ある学生が、アルバイト先での経験を書いて来ましたが、「もっと具体的に、もっとその状況が目に浮かぶように」と言って何度も書き直させたところ、次のような文章ができ上がりました。

３年間、和風の高級なお惣菜の販売店でアルバイトをしている。最初の頃は、ゆっくり考えて買い物をしたいお客様と、急いで買い物をしたいお客様を見分けられず、「ゆっくり見させて」とか「早くして」などと注意されることがあった。また、接客の合間に商品の陳列や清掃をしなければならず、休む暇がなかったので、店長から頼まれた仕事を忘れたり、慌てるあまり商品を落としたり、包装が遅れてしまったりもした。
しかし、経験を積むうちに、お客様の表情や口調から、「今何を望んでいらっしゃるのか」「何を最優先にすべきなのか」がつかめるようになった。
また、曜日や天気などからお客様が少なくなる時間を予測し、その時間に陳列や清掃を行う心づもりができるようになった。店長から仕事を頼まれたら、切りのいいところで一旦自分の仕事をやめ、頼まれた仕事を終えてからまた自分の仕事に戻る要領も覚えた。
そのうち、すべての工程で少しずつ時間の余裕が生まれ、陳列の仕方を工夫したり、普段できない所の清掃をしたりすることも可能になった。自分のペースで仕事を進められるので、ミスも格段に減った。お客様を待たせることも少なくなり、「いつもありがとう」「あなたがいると、つい買っちゃうのよ」などと声をかけていただけるようになった。

日々の努力ぶりが、目に浮かぶように書かれています。

CP 20. 曖昧接続を避ける

原文

子供たちにどこを遊び場にしているのかと聞いたら、マンションの階段とか家でテレビゲームなどと言っていて、ビックリしました。

ヒント

「前後を曖昧な形でつながない」という視点で検討してください。

因果関係を表す時に、「…ので」「…から」と書くか、「…である。したがって（よって、ゆえに）」などと書けばはっきりしますが、ことさら曖昧な表現を用いる人が少なくありません。それを私は「曖昧接続」と呼んでいます。

改善案

子供たちに「どこを遊び場にしているの」と聞いたら、「マンションの階段」とか「家でテレビゲーム」などと言うので、ビックリしました。

‖ポイント

因果関係を表すなら、それが一目で分かるように書きましょう。「などと言っていて」では、曖昧です。
ついでに、「　」も使うと分かりやすく、また生き生きした感じになります。（CP51）

‖類例

文章の改善例を読んでみると確かに分かりやすくなっていることを実感でき、今後参考にしたい。

⬇

文章の改善例を読んでみると確かに分かりやすくなっていると実感できたので、今後参考にしたい。

業務文書は書くのも読むのも業務の一環であり、生産性の向上に結び付くようなものにすべきだ。

⬇

業務文書は書くのも読むのも業務の一環であるから、生産性の向上に結び付くようなものにすべきだ。

CP 21. 何でも「ことで」でつながない

原文

思い切って剪定《せんてい》することで、元気のある枝が伸びてきます。（テレビの園芸番組から）

‖ヒント

この「することで」を他の表現に替えて、より簡潔・明瞭に表現してみてください。

改善案

思い切って剪定すると、元気のある枝が伸びてきます。

‖ポイント

さまざまな関係を「ことで」１つで示す風潮が生まれています。「ことで」がすべていけない訳ではありませんが、より適切な、あるいは簡潔な表現を試みましょう。

‖類例

伊豆石は、濡れることで本来の色が現れます。

⬇

伊豆石は、濡れると本来の色が現れます。

その先輩と接することで、いろいろ刺激を受けた。

⬇

その先輩と接して、いろいろ刺激を受けた。

貴社は常に新しい情報を取り入れることで、時流に合ったサービスを生み出しています。

⬇

貴社は常に新しい情報を取り入れて、時流に合ったサービスを生み出しています。

夏休みにパソコン教室に通うことで、資格を取った。

↓

夏休みにパソコン教室に通い、資格を取った。

深夜営業の店がなくても、昼間に買い物をすることで、事足りる。

↓

深夜営業の店がなくても、昼間に買い物をすれば事足りる。

それを文章にまとめることで、理解してもらいやすくなると思った。

↓

それを文章にまとめれば、理解してもらいやすくなると思った。

ベランダに打ち水をしたりすることで、できるだけエアコンを使わないようにしています。換気や打ち水をすることで、夏場も過ごしやすいことが分かりました。

↓

ベランダに打ち水をして、できるだけエアコンを使わないようにしています。換気や打ち水をすれば、夏場も過ごしやすいことが分かりました。

基礎的な学力は高い水準にあると分かったことで、文部科学省は一定の評価をしています。（テレビのニュースから）

↓

基礎的な学力は高い水準にあると分かったので、文部科学省は一定の評価をしています。

自分から声をかけ、対話することで、相手が何を必要としているのかを汲み取るようにした。

↓

自分から声をかけ、対話しながら、相手が何を必要としているのかを汲み取るようにした。

因果関係を論理的に説明できないことで、読み手に理解してもらえないことがあった。

↓

因果関係を論理的に説明できないために、読み手に理解してもらえないことがあった。

テレビ番組を少し注意して見ていると、「ことで」のオンパレードになっていることに気づくと思います。これは、近年目立つ現象です。

CP 22. 順接と逆接を間違えない

原文

最近やっと仕事の流れが見えてきたが、それ以上に失敗も多い。

‖ヒント

つなぎの言葉の中に、「順接」と「逆接」という正反対のものがあります。代表的なものを挙げてみます。

順接	ので、から、したがって、よって、だから、ゆえに、そのような訳で、そこで、それで、そのため、そうだとすれば、その上
逆接	しかし、が、だが、ところが、でも、けれども、その反面、逆に、そうは言っても、ただし、それにもかかわらず、それでも

順接は、それまでと同じ論旨で話を続ける時に使います。
逆接は、それまでの論旨とは逆の方向に話を転換する時に使います。
原文にこの表の中の言葉は使われていませんが、順接と逆接の関係が正しく表現されていません。

改善案

最近やっと仕事の流れが見えてきたが、それでもまだ失敗も多い。

‖ポイント

「それ以上に」は、今までの話と同じ方向の話をさらに強調する順接の言葉です。

ここは直前の話とは逆の話をするのだから、改善案のように逆接の言葉が必要です。

「仕事の流れが見えて来た。しかしまだ失敗も多い」
「仕事の流れが見えて来た。その上失敗も多い」
この２つを比べれば、逆接の前者は自然ですが、順接の後者はおかしいと気づくでしょう。

‖類例

教員免許を取ってみて、教育者としての両親を尊敬する気持ちも芽生えた。そして、やっぱりまだ理解できない面もある。

⬇

教員免許を取ってみて、教育者としての両親を尊敬する気持ちも芽生えた。しかし、やっぱりまだ理解できない面もある。

CP 23. 逆接ではないのに「しかし」と書かない

原文

アメリカでは、一般家庭にも銃がある。日本では、銃を所持しているだけで逮捕される。しかし、どうしてこのような差が生まれたのだろうか。

‖ヒント

ここでは、「しかし」について、再点検してみてください。話し言葉の場合には、「しかし、あの会社はすごいね」のような、格別意味のない間投詞のような「しかし」もあります。

書き言葉でも、前に述べたことの内容を限定するとか、話を転ずる際などに「しかし」と書かれることがありますが、社会人や学生が書く文章では、逆接の場合に限って使用することを勧めたいと思います。

改善案

アメリカでは、一般家庭にも銃がある。日本では、銃を所持しているだけで逮捕される。どうしてこのような差が生まれたのだろうか。

ポイント

この場合の「しかし」は、「ところで」というような軽い意味で書かれたのでしょうが、書き言葉ではそのような意味不明瞭な言葉は使わないようにしましょう。「しかし」を取り去るとスッキリします。

類例

第二世代のハイブリッド車は、短距離なら電池だけでの走行が可能なので、「脱ガソリンへの有力な第一歩」と期待されている。しかし資源や環境の制約を克服する技術革新の実現こそが最大の課題なのだ。

⬇

第二世代のハイブリッド車は、短距離なら電池だけでの走行が可能なので、「脱ガソリンへの有力な第一歩」と期待されている。これからは資源や環境の制約を克服する技術革新の実現こそが最大の課題なのだ。

今までの話の流れと逆になる「逆接」ではありませ

んから、「しかし」ではありません。仮に「これからは」としましたが、それを削除する案もあります。

映画「スターウォーズ」シリーズは遂に完結した。しかし、これほど壮大で、多くの人に支持された作品はない。

↓

映画「スターウォーズ」シリーズは遂に完結した。これほど壮大で、多くの人に支持された作品はない。

これも何となく入ってしまった「しかし」なのでしょう。次の２つの例も「しかし」を取り去るべきです。

一般人が日常的に頻繁に使いまわしている「種」とか「種類」という概念の理解に、専門の学者がそれほど手こずるとはいったいどうしたことか。
しかし、彼らがサボっていたわけではけっしてない。それどころか…　（三中信宏『分類思考の世界』講談社現代新書）

「専門家が手こずっている。しかし、彼らがサボっていた訳ではない」と書けば、逆接ですので適切です。
しかし、「専門家が手こずっていたのはどうしたことか（＝何故か）」と話を転じたからには、「しかし」ではありません。

姉はとてもしっかりしていますが、私はのんびり屋です。

しかし、我が家は母を含めて女性が３人いるので、父はいつもやり込められています。

この「しかし」も、逆接ではないので不要です。「私はのんびり屋だ。しかし、そんな私でも、父を一緒になってやり込めている」という気持ちが働いたのでしょうか。

コラム2　難しい言葉は要らない

「文章を書けない」と言う人の中には、難しく書こうとして書けないでいる人がいる。大人らしい文章、気の利いた文章を書こうとするから、書けないのだ。

私は「短く言い切る勇気を持とう」と呼びかけているが、「短く書いたら幼い感じを与えてしまうのではないかと思って、つい長く書いてしまう」と、ある30代のビジネスマンが言っていた。

うまい文章を書こうとすると、しばしばうまく行かない。（CP12）にも書いたが、「○○は」と書き始めればシンプルな文になるのに、「○○とは」などと書き始めると、複雑になってしまう。「とは」の方がちょっと高級に思えるので、ついそう書きたくなるのだろうが、短くシンプルに表現することが大事なのだ。

それで思い出す、ある英語の小説がある。1966年に書かれたジョナサン・ストロングの『タイク』である。それは以下のように始まる。驚くほど簡単な文章だ。

> It is raining. I am in my room. There is no window shade. The trees outside are shaking. My radiator steams. The cold weather is coming. I am sitting in my chair with my bare feet on the desk. Papers are all over the desk.

雨が降っている。僕は自分の部屋の中にいる。窓にはブラインドが付いていない。外の木々が揺れている。温水ヒーターが湯気を立てる。寒い季節が迫って来た。僕は裸足の足を机の上に載せて、椅子の中に埋もれている。その机の上には、紙がいっぱい散らかっている。

このような大変短い文を積み重ねながら、若者の心理を描き出していくのだ。若い時にこの本を読んで、短い文の持つ豊かな表現力に感銘を受けた。文に長短の変化をつけることも時に必要だが、短い文は決して幼い文ではない。

「最近の若い人は言葉を知らない、文章が書けない」という話が出ると、すぐに「敬語を正しく使えない」という話になる。敬語ももちろん大事だが、基本的な易しい日本語を正しく使えないことの方が、はるかに大きな問題だ。

難しい言葉を知らないとか、気の利いた言い回しができないということは、あまり気にする必要がない。基本的な誰でも知っているような言葉を正確に使えるようにすることに、意識を向けるべきだ。それは簡単なことではないが、努力する価値のあることだと思う。

「基本」は、決して「初歩」と同じではない。もっと本質的なものだ。

第３章　簡潔に書く

社会人や学生が文章を書く時には、「１語でも短く、１字でも短く」と常に心がけるべきです。

言葉を削ったら、その分伝わる情報量が減るのではありません。逆に、余計な言葉を取り去ると、伝えたいメッセージが明確に浮かび上がり、より多くのことを伝えることができます。

「言葉を削ると、微妙なニュアンスが伝わらない」と考える人は、

「読み手は一字一句漏らさず注意深く読んで、書き手が何を伝えたいのかを一生懸命考えてくれる」

という幻想を抱いているのだと思います。実際には人は、「関心のあるところ、読みやすいところ」しか読んでくれません。読まなければならない文章を、いつも山のように抱えているからです。

簡潔に書けばよりよく伝わるだけではなく、読み手の時間を節約することができます。その歯切れの良さが好感を与え、説得力も増します。簡潔は、正に値千金《あたいせんきん》です。

CP 24. 短く言い切りながら話を進める

原文

総行程約1400キロの遍路の旅は、今から約1200年前、弘法大師が42歳の時、人々の災難を除くために煩悩の数と同じだけ開いた88ヵ所の四国霊場を、後に高弟が遍歴したのが始まりとされる。

‖ヒント

文章は情報を載せて運ぶ伝達手段ですが、これは、1つの文でたくさんの情報を運ぼうとし過ぎた例です。
読み手に記憶の負担をかけないように、いくつかの文に分けてみてください。話の順番も、少し入れ替えた方がいいと思います。

日本語は述語が文末に来ますので、1つの句点（。）が打たれ、新しい文が始まったら、その内容を一通り覚えておいて次の句点まで来ないと、意味が取れません。ですから長い文は、頭が疲れるのです。

改善案

今から約1200年前、弘法大師が人々の災難を除くために、煩悩と同じ数の88ヵ所の四国霊場を開いた。42歳の時であった。後に高弟がその霊場を遍歴したのが、遍路の旅の始まりとされている。総行程は約1400キロである。

‖ ポイント

改善案では、たくさんの情報を4回に分けて運びました。最初の文が最長です。一度に運べる量は、この辺りが限界です。

次に、年齢だけを説明した短い文を入れました。そうすれば、リズムに変化も生まれます。

総行程の話が、原文では修飾語として文頭にありましたが、改善案では話の内容を分かってもらった後に、付け加えました。

‖ 類例

この時からずっと、写真を見るたびに遠いギリシャの地に思いを寄せ、目の前にエーゲ海が広がり、大きく風通しが良く庭にプールがある家に住んで、夜は近くの人々と一緒に食事をしたりパーティーをしたり歌ったり踊ったりして、日本では体験できないような楽しい生活をするのが夢だ。

↓

この時からずっと、写真を見るたびに遠いギリシャの地に思いを寄せている。目の前にエーゲ海が広がり、風通しが良く庭にプールがある大きな家に住んで、夜は近くの人々と一緒に食事をしたりパーティーをしたり歌ったり踊ったりする。日本では体験できない、そんな楽しい生活をするのが夢だ。

> これも、途中で２度言い切って句点を打ち、文を３つに分けました。

安くてボリュームがあり、今までのアイスクリームにはない食感がある、貴社の独自性が高い、時代のニーズに合ったアイスクリームは、貴社が社員一人一人の柔軟性に満ちた意見を取り入れているからこそ生まれた商品だと思います。

↓

貴社のアイスクリームは、安くてボリュームがあり、今までにない食感があります。時代のニーズに合った、独自性の高い商品です。このような商品は、貴社が社員一人一人の柔軟性に満ちた意見を取り入れているからこそ生まれたのだと思います。

> 原文は、主語のアイスクリームの前に、「安い」「ボリュームがある」「今までにない食感がある」「独自性が高い」「時代のニーズに合った」という５つの

修飾語が連なっている頭でっかちの文になっています。こういう文章は、読み手を疲れさせます。
改善案では、まず2つの文で商品の特性について述べました。そして、3つ目の文で、その製品を生み出した社員のことを書きました。

御社は不況の中でも着実に利益を上げており、地域産業活性化に力を入れて県民の信頼を集め、女性の活躍を支援しているので地域の発展を支えながら長く働ける職場だと思い志望しました。

↓

志望理由は第1に、御社が不況の中でも着実に利益を上げていることです。第2に、地域産業活性化に力を入れ、県民の信頼を集めていることです。第3に、女性の活躍を支援しているので、長く働ける職場だと思ったことです。

原文は、たくさんのことを一度に言おうとし過ぎています。改善案では、第1に、第2に、第3に、と分けてみました。
「女性の支援」について書いている時に、ついでに「地域を支えながら」と書き加えるのは控えるべきです。それを書くなら、第2の理由のところです。

CP 25. 長い挿入句は、別の文にして添える

原文

CSR（下注参照）の本質とは何かをまず知ってもらうことが必要だと考え、社内各部門で、現在潮流となっている価値創造型 CSR、つまり社会的課題をビジネスで解決し企業と社会の継続的な発展につなげる活動に関する説明会を実施した。

（注：CSR は、Corporate Social Responsibility の略で、「企業の社会的責任」と訳されている）

‖ヒント

（**CP24**）で述べたように、日本語は述語が最後に来るので、長い文は記憶の負担が増えます。
挿入句は、特に読み手を疲れさせます。それを別の文にして後に添えると、ずっと読みやすくなります。上記の原文の場合、挿入句はどこにあるでしょうか。

改善案

CSRの本質とは何かをまず知ってもらうことが必要だと考え、社内各部門で説明会を実施した。そこで現在潮流となっている価値創造型CSRは、「社会的課題をビジネスで解決し、企業と社会の継続的な発展につなげる活動」であることを説明した。

‖ポイント

価値創造型CSRの説明を挿入句として書くのではなく、切り離して別の文にしました。これだけで、読み手の負担はかなり軽くなります。
ついでに、価値創造型CSRの概念を「　」でくくって、より明確に示しました。(CP51)

補足的な説明が文中に（　）に入れて書かれている場合がありますが、それも一種の挿入句ですので、同様に別の文にして後に添えると、読みやすくなります。

CP 26. 同じ言葉を何回も続けて書かない

原文

私の書く文章は、情報が多過ぎて分かりにくいという指摘と、背景情報が少なくて短絡的であるという指摘の、正反対の指摘を受けることがある。

‖ヒント

重複を省けば、確実に簡潔になります。この文では、「指摘」が3回続けて出て来るのが気になります。それを減らしてみましょう。

その際に、

指摘を受ける ➡ 指摘される ➡ 言われる

のように、「名詞＋動詞」よりは、「動詞」にした方が、簡潔で分かりやすくなります。
たとえば次の例では、後者の方が望ましいと思います。
「ただ今、ダイヤ乱れが発生しております」
「ただ今、ダイヤが乱れております」

改善案

私の書く文章は、「情報が多過ぎて分かりにくい」と言われたり、それとは正反対に「背景情報が少なくて短絡的である」と言われたりする。

ポイント

「言われたり」「言われたり」というのは対をなす表現ですから、「同じ言葉を続けて書かない」という助言は適用されません。

「　」を上手に使うと、読みやすくなります。（CP51）

２つの相反することを言うのですから、その間に読点も打って、意味の切れ目をはっきり示しましょう。（CP46）

類例

自分から英語で積極的に話しかけて、自分の伝えたいことが伝わった時は、自分の世界が広がったように感じた。

⬇

自分から英語で積極的に話しかけて、伝えたいことが伝わった時は、世界が広がったように感じた。

同じ言葉がすぐに続いて出て来たら、なるべく１つにしてみます。この文の場合には、主語が一貫していますので、後の２つの「自分の」を省いても意味が通じます。

東京は、情報を得やすい所だ。東京は日本の中心なので、情報がたくさん集まる。そのため、さまざまな情報に接することができるし、自分が欲しい情報も容易に見つけられる。私は行きたい美術展の情報などは、電車の中吊り広告でよく見つけている。多くの人たちが広告からも情報を得ている。(134字)

⬇

東京は日本の中心なので、情報がたくさん集まる。そのため、自分が欲しい情報を容易に見つけられる。私は行きたい美術展などは、電車の中吊り広告でよく見つけている。多くの人たちが広告からも情報を得ている。(98字)

「情報」を6つから3つに減らしました。内容が重複しているところを省いたので、字数も大分減りました。

趣味はゴルフをすることです。父がゴルフが好きなので、父に誘われてゴルフを始めました。週に1度ゴルフスクールに通い、父と共に時々ゴルフコースに出ています。(76字)

⬇

父に誘われてゴルフを始めました。週に1度ゴルフスクールに通い、父と共に時々コースに出ています。(47字)

就職試験のエントリー・シートの「趣味」という欄にあった文章です。「ゴルフ」が5回出て来ますが、それを2回に減らしました。最初の1行は全部削除しましたが、それで同じことが伝えられます。
このような場合、答えの中で「趣味」という言葉を使わねばならないと考える必要はありません。私はむしろ、「答えの中で、質問を繰り返さない」と指導しています。質問した方は、質問が何かを知っていて、答えを早く聞きたがっていると思うからです。

自分の外見にコンプレックスを持っていたが、コンプレックスを欠点と捉えていたら、いつまでも何も変わらない。コンプレックスとどう付き合っていくのか、個性としてどう活かすかが大事だと気づいた。

↓

自分の外見にコンプレックスを持っていたが、自分の持っているものすべてを個性と捉えて、それをどう活かすかが大事だと気づいた。

書いた学生と話し合いながら、「コンプレックス」を1つだけにして、言いたいことを簡潔に表現しようと試みました。

CP 27. 「という」「こと」などを繰り返さない

原文

日頃心がけていることは、人に優しく、自分に厳しくということです。自分に厳しくするということが大切だということに気づくことができたのは、大学での部活でした。私はそこで、自分に甘えないということが、成功という結果につながるということを実感することができました。

‖ヒント

これは、「同じ言葉を何回も続けて書かない」という話の続きです。特に頻繁に繰り返される傾向があるのが、「という」と「こと」です。
この原文には、「という」が6回、「こと」が8回書かれています。これだけ繰り返されると、読み手もいささかうんざりしてしまいます。なるべくこの2つの言葉を少なくする工夫をしてみてください。

改善案

日頃心がけているのは、人には優しく、自分には厳しくということです。自分に厳しくすることが大切だと気づいたのは、大学での部活でした。私はそこで、自分に甘えないことが、成功につながると実感できました。

ポイント

この改善案では、「という」が1回、「こと」が3回に減りました。

「という」は、多くの場合単純に削除することができます。

「こと」は、時に「の」に置き換えることができます。

（例：「心がけていることは」➡「心がけているのは」）

「の」は簡潔でリズムがいいので、「こと」と共にバランスよく使ってください。

類例

協調という言葉は、単純ではない。協調というものは、相手とコミュニケーションをとり、信頼関係を作るというものである。つまり協調するということは、相手を理解することはもちろん、自分を理解してもらうということも重要なのだ。

↓

協調という言葉は、単純ではない。協調するためには、相手とコミュニケーションをとり、信頼関係を作ることが大切だ。つまり相手を理解することはもちろん、自分を理解してもらうことも重要なのだ。

「という」を、5つから1つに減らしました。

試合の緊張感に慣れること、それに打ち勝つことができた時の快感を知ることができた。

↓

試合の緊張感に慣れ、それに打ち勝つことができた時の快感を知った。

「こと」を、3つから1つに減らしました。

自分の長所や得意なことを知ることは、大切なことである。また、自分の短所や苦手なことを知ることも、大切なことである。

↓

自分の長所や得意なことを知るのは、大切である。また、自分の短所や苦手なことを知るのも、大切である。

「こと」が、6つから2つに減りました。そのうちの2つは、「の」に替えました。

正社員として働いていることは、幸せなことだと思っている。

⬇

正社員として働いているのは、幸せだと思っている。

1つの「こと」は「の」になり、もう1つは削除しました。

音楽に合わせて体を動かすというのは、爽快感を味わうことができる。

⬇

音楽に合わせて体を動かすのは、爽快だ。

「という」も「こと」も不要になりました。この方が簡潔でスッキリしています。

CP 28. 同じ意味の言葉を重複して書かない

原文

砂漠化が進んでいる原因は私たち人間のせいだ。

‖ヒント

同じ言葉でなくても、意味が同じ言葉を続けて書いたら、それも重複です。

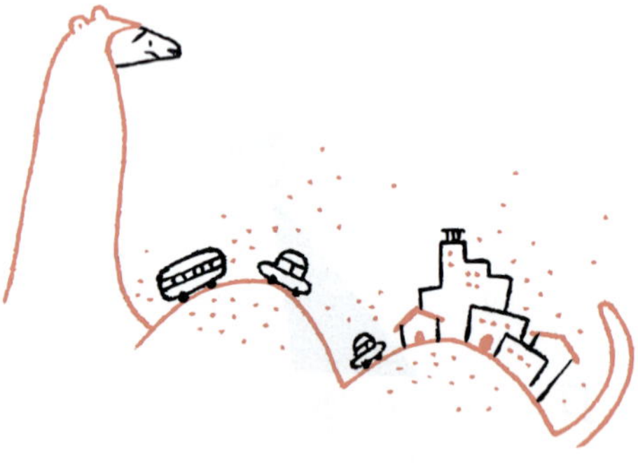

改善案

砂漠化が進んでいるのは、私たち人間のせいだ。

または

砂漠化が進んでいる原因は、私たち人間にある。

ポイント

「原因」と「せい」は、どちらかが余計です。同じ意味の言葉だからです。

類例

地球の未来を変えられることができると思います。

↓

地球の未来を変えられる（または　変えることができる）と思います。

> 「られる」と「できる」は、共に「可能」を表しているので、重複しています。

県で３位以内に入ると、関東大会に出場できる権利がもらえる。

↓

県で３位以内に入ると、関東大会に出場する権利がもらえる。

または

県で３位以内に入ると、関東大会に出場できる。

｜「できる」と「権利がもらえる」は、同じ意味です。

砂漠化によって、植物が育たなくなる土地に変化する。

⬇

砂漠化によって、植物が育たない土地に変化する。

｜「育たなくなる」の「なる」は、「変化する」という意味です。

あの人を、私は固定観念のみでしか見ていなかった。

⬇

あの人を、私は固定観念でしか見ていなかった。

または

あの人を、私は固定観念のみで見ていた。

｜「のみ」と「しか」は、重複しています。

その先輩は、人生観に対する考え方が私と正反対だった。

⬇

その先輩は、人生観が私と正反対だった。

または

その先輩は、人生に対する考え方が私と正反対だった。

｜「観」と「考え方」が、重複しています。

私は将来、貿易業に携わる仕事に就きたい。

↓

私は将来、貿易業に携わりたい。

または

私は将来、貿易に関わる仕事に就きたい。

「携わる」と「仕事に就く」は、同じ意味です。

我が社の中の異動は、主に関連部門への異動が大半を占めます。

↓

我が社の中の異動は、関連部門への異動が大半を占めます。

「主に」と「大半を占める」が、重複しています。

その印象に残る喜びが忘れられなかった。

↓

その喜びが忘れられなかった。

「印象に残る」と「忘れられない」は、ほぼ同じような意味です。

CP 29. 無意味な言葉は書かない

原文

伝統文化について学ぶ授業があり、その中である宮司《ぐうじ》の方を招いた回がありました。お話を伺う中で、今でも息づく日本固有の文化を感じました。社会が大きく変わる中で、変わらないものも確かにあるのです。

‖ ヒント

原文では、「中で」が３回繰り返されています。そのうちの少なくとも２つは不要だと思います。

何となく頻繁に使われる言葉で、無意味なものは結構あります。たとえば、「基本的に」という言葉を繰り返すのも無意味です。そういう言葉は取り去ってしまうと、スッキリします。

改善案

伝統文化について学ぶ授業で、ある時一人の宮司の方のお話を聞きました。その時、今でも息づく日本固有の文化があるのだと感じました。社会が大きく変わっても、（その中で）変わらないものも確かにあるのです。

‖ポイント

左に書いた「基本的に」というような言葉は、反論された時に「逃げる余地を残しておきたい」という気持ちから書かれるのだと思います。
もう一つ、心の片隅に「言葉を飾りたい」という気持ちがあると、それも無意味な言葉を書いてしまう原因になると思います。

‖類例

私の中で30歳と言ったら、仕事にも自信が持てて、素敵な旦那様と出会い、子供にも恵まれて暮らしている姿を想像する。

⬇

30歳と言ったら、仕事にも自信が持てて、素敵な旦那様と出会い、子供にも恵まれて暮らしている姿を想像する。

「思っている」「考えている」などと書こうとする時に、「私の中で」と始める傾向が生まれていますが、不要です。

私の中で、「マナー」とは相手への思いやりから生ずる行動なのだ。

↓

私は、「マナー」とは相手への思いやりから生ずる行動だと思う。

私の中で、散歩の時間は自分を見つめ直す貴重な時間です。

↓

私にとって、散歩の時間は自分を見つめ直す貴重な時間です。

あるオリンピック選手は試合前に、「自分の中で出せるものを出し切りたい」と言っていました。「自分なりに」というニュアンスなのでしょうが、むしろ「試合で、自分の出せるものを出し切りたい」の方がスッキリします。

失敗したことに対してただ落ち込み何もしなければ、また同じ失敗を繰り返す。

↓

失敗してただ落ち込み何もしなければ、また同じ失敗を繰り返す。

言葉遣いに対して気を配っています。

↓

言葉遣いに気を配っています。

> この２例の「対して」も、意味がないので取り去りたいと思います。

このホテルで２泊していただく形になります。

↓

このホテルで２泊していただきます。

> 無意味な「形」もよく見かけます。
> 「こちらでお待ちいただく形になります」「５時に出発する形になります」などの「形」も、いかにも余計です。

CP 30. 削れる言葉は徹底的に削る

> **原文**
> 私にとって学生時代に夢中になったこととは、高校時代に所属していた吹奏楽部で演奏していたトランペットを吹くということです。(60字)

‖ヒント

何となく書いた文章の中に、削っても一向に差し支えない言葉、削った方がいい言葉が見つかることが少なくありません。そのような言葉をそぎ落とすと、スッキリした文章になります。

上記の文章から削れる言葉を探してください。

改善案

私は高校時代、吹奏楽部でトランペットを吹くことに夢中になりました。(33字)

‖ポイント

「にとって」「こととは」という書き方は、文を複雑にしてしまいます。「私は」とするとシンプルになります。(CP12)

「高校時代」と書けば、「学生時代」は不要です。(CP28)

「吹奏楽部で」と書けば、「所属していた」は削除できます。(CP28)

「演奏する」と「吹く」は重複しています。(CP28)

‖類例

スタッフィングの都合上、ご予約の受付期限はご希望日の30日前までとし、会場受付での直接お申込のみの受付とさせていただきます。(62字)

⬇

ご予約は、ご希望日の30日前までに、直接会場受付でお願いいたします。(34字)

> 「スタッフィングの都合上」というような内部事情は、お客様には関係がありません。(CP29)

「受付」を３回から１回に減らします。（CP26）
「予約」と書けば、「申込」は不要です。（CP28）
このように無駄を省いてほぼ半分の文字数にすれば、お客様にずっと親切なお知らせになります。

私は薬品メーカーで研究職をしています。職種の関係上、毎週、膨大な量の実験結果が得られるのですが、その結果を週報としてまとめ、金曜日に上司に文書で報告しなければなりません。

⬇

私は薬品メーカーで研究職をしています。毎週、膨大な量の実験結果が得られるのですが、それを週報としてまとめ、金曜日に上司に提出しなければなりません。

「職種の関係上」は不要です。最初の「研究職」という説明で、読み手は「その仕事の話がこれから始まる」と予期しています。
「結果」を２度続けて書くのは避けます。（CP26）
「週報」はふつう書かれたものだから、「文書で」も不要です。（CP28）

環境活動の実践には下記のような問題点がある。それぞれ事例を挙げて考えてみることにする。

⬇

環境活動の実践には下記のような問題点がある。

この後にいくつかの事例が書かれているのが見えて

いますから、「それぞれ事例を挙げて考えてみることにする」という前置きは余計です。すぐに事例の話に移った方が、歯切れよく、テンポよく話が進みます。

自分の意見に自信が持てず、すぐ変えてしまったりしてしまいます。

↓

自分の意見に自信が持てず、すぐ変えてしまいます。

最近になってやっと仕事の流れが見えてきたところだ。

↓

最近やっと仕事の流れが見えてきた。

「になって」と「ところだ」を削っても、何の支障もないどころか、伝えたいことをより簡潔・明瞭に伝えられます

CP 31. 簡潔な表現を探す

原文

1つの文が長過ぎるので、読み手が短時間で内容を確認したい場合には不向きです。

ヒント

「同じことが、もっと少ない字数で書けないか」と、いつも考える習慣をつけてください。
このケースは、よりストレートに書くべきです。

改善案

１つの文が長過ぎるので、読んですぐに理解できません。

ポイント

そもそも、「短時間で内容を確認したい場合」に限らず、分かりにくい文なのでしょう。

類例

都心では、電車の１時間のうちに来る本数がとても多い。

↓

都心では、電車が数分間隔で走っている。

結論を導き出した経緯として、検討には多くの結果を出したため、全てを報告したくなります。

↓

結論を導き出すまでに多くの検討をしたため、その全てを報告したくなります。

「経緯として」などの廻りくどい表現がある一方で、「検討には多くの結果を出した」は短絡した表現でした。

コラム3　逃げ腰のコミュニケーション

成人式に出た男性が、テレビのインタビューを受けて、
「これで成人になれたな、みたいな」
「投票にもちゃんと行きます、みたいな」
と言っていた。「成人になれたなと思います」「投票にはちゃんと行きます」と言い切る勇気がなかったのだろう。

女子高校生３人も、携帯電話で撮った写真を見せ合いながら、
「こういうの見つけて、『撮ろうかな』みたいな」
「友達に、『見て、見て』みたいな」
とはしゃいでいた。

ある一流のスポーツ選手は、引退前の最後のプレーを終えて、
「気持ち的には、笑顔で終わることができました」
「自分的には、よくやったと思います」
と言っていた。

こういう「みたいな」「的には」などの連発は、決して気持ちのいいものではない。自分の発言になるべく責任を持ちたくないという逃げの心理が見えるからだ。そのような姿勢は、ちゃんと相手に読み取られているはずだ。

第４章　的確に書く

この章のテーマは、「自然な正しい表現で書く」ことですが、「なぜその表現が正しいのか」という議論は簡単ではありません。

たとえば、「問題に取り組む」は正しくて、「問題を取り組む」は正しくありませんが、それはなぜなのでしょうか。後述のように文法書や辞書は、「に」の使い方をたくさんの場合に分けて説明しています。しかしそれは、「このような場合には、『に』が使われている」という現象を整理しているに過ぎません。

そのような「場合分け」を知ると納得できるケースも少なくありませんから、本章の中でも私の力の及ぶ範囲でそのような説明を試みます。しかし、例外もありますし、どちらとも言えないケースもあります。

明治維新以後、西洋語文法を下敷きにして作られた大槻文法、橋本文法などを巡っては、いまだに論争が絶えません。疑問の点を、辞書や文法書をひもといて調べるのはいいことですが、言語現象を後追いで整理している文法が、すべての疑問を解く鍵ではありません。毎日の言語生活の中で、「何が定着した自然な表現なのか」を体得することが一番大切だと私は考えています。

CP 32. 言葉は習慣である

原文

自動車産業に今大きなブレーキがかかっている。その中でも、大型車の販売は群を抜いて影響を受けている。

‖ヒント

この文章のどこかに、普段の言葉遣いの習慣に照らして、不自然に響くところがありませんか。
言葉は多分に習慣なのです。定着した言語習慣をベースに、人々はコミュニケーションを図っています。

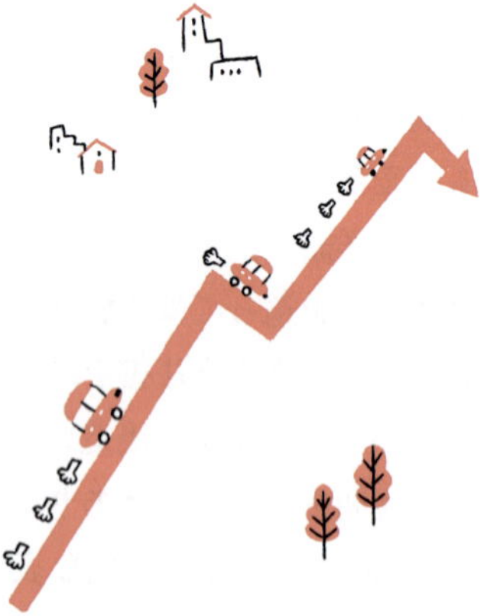

改善案

自動車産業に今大きなブレーキがかかっている。その中でも、大型車の販売不振が著しい。

ポイント

「群を抜いている」は、たとえば「彼の実力は、群を抜いている」などのように、優れているものを表す時に使います。販売不振には使いません。

逆に、「問題山積《さんせき》だ」の「山積」は、片付けるべき仕事や困ったことが多い時に使います。「嬉しいことが山積だ」とは言いません。

類例

留学先で中近東の人と親しくなりましたが、考え方が多々違い、毎晩のように議論していました。

⬇

留学先で中近東の人と親しくなりましたが、考え方が多くの点で異なり、毎晩のように議論していました。

「多々」は、「不満な点は多々ある」「理由は多々ある」のように使います。ですから、「考え方の違いが多々あり」なら正しい表現になります。

「多々ますます弁ず」の「多々」は、「多ければ多いほど」という副詞的な用法ですが、そのような成句を除くと、「多々異なる」のような副詞的な用法はないと思います。

彼は一見優しそうな顔をしているが、毒舌極まりない。

⬇

彼は一見優しそうな顔をしているが、毒舌が鋭い。

または

彼は一見優しそうな顔をしているが、かなりの毒舌家だ。

「毒舌」は名詞であり、程度を表す言葉（形容動詞の語幹）ではありませんから、「毒舌極まりない」という言い方はありません。「騒音極まりない」と言わないのと同じです。

誰にでもよく分かるように、自分よがりな文章にならないように心がけています。

⬇

誰にでもよく分かるように、独りよがりの文章にならないように心がけています。

「独りよがり」は１つの成句です。

あの人は、マナーがなっている。

⬇

あの人は、マナーがきちんとしている。

この形は、「マナーがなっていない」という否定形のみで使われます。

*

たとえば、「今日は忙し過ぎて、子供の面倒など到底できない」というのは、おかしな表現です。「子供の面倒など到底見ることはできない」とすべきです。
辞書には、「面倒＝世話」とありますが、「世話をする」とは言っても、「面倒をする」とは言いません。そのような言語習慣が、随所で作られています。

余談になりますが、私は辞書を引いた時に、例文をなるべくたくさん読む習慣が昔からあります。たとえば、英和辞典で「この日本語は、この英語と同じような意味で使われることがある」という単語の羅列を見ても、なかなか語感を養えませんが、例文を読んでいると、その言葉の正確な意味、ニュアンス、使い方が自然に身につきます。
母語の日本語の場合には、それとは比較にならない膨大な数の「例文」に触れることによって、自然に語感が身について来たのだと思います。誰でもそれは同じです。

CP 33. 本来の意味を考えて言葉を選ぶ

原文

私達が地球に生きる限り、環境問題は欠かすことのできない問題だ。

‖ヒント

前項では「言葉は習慣だ」と言いましたが、「本来の意味を考えたら適切ではない」と分かる場合もあります。

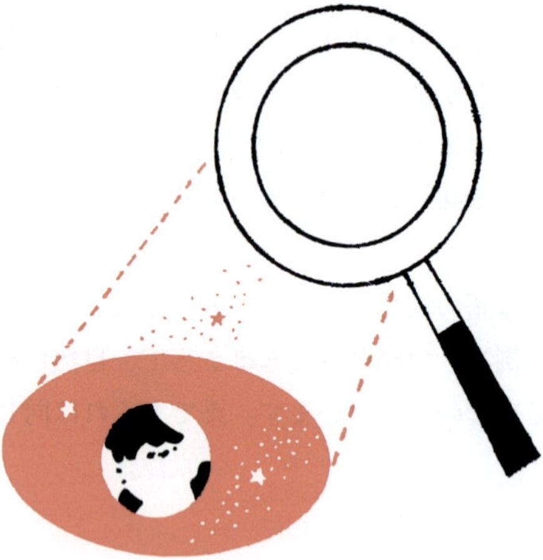

改善案

私達が地球に生きる限り、環境問題は常に関心を持ち続けなければならない問題だ。

または

私達が地球に生きる限り、環境問題は常に検討を欠かすことのできない問題だ。

‖ポイント

「欠かすことのできない」は「無くてはならない必要な」という意味ですから、困った問題である環境問題には、この言葉は使いません。

‖類例

今の性格と打って変わって、私は子供のころとても内気だった。

⬇

今の性格とは反対に、私は子供のころとても内気だった。

「打って変わる」は、「前と全く変わる」という意味ですから、「昔とは打って変わって今は」とは言いますが、逆はありません。

新車の売れ行きが行き詰まり、中でも利幅の大きい大型車が伸び悩んでいる。

↓

新車の販売が落ち込み、中でも利幅の大きい大型車の不振が大きい。

「行き詰まる」は、たとえば「勉強に行き詰まる」「商売に行き詰まる」などと使います。「先へ進めなくなる」という意味ですから、２割や３割落ちても、「行き詰まった」とは言いません。しかし、その結果倒産の危機が迫ったら、「経営に行き詰まった」と言います。
一方、「伸び悩む」は「あまり伸びることができない」ですが、この例の場合には、伸びないどころか大幅に落ち込んでいました。

「てにをは」を今まで以上に意識的に使い、声に出して読んで確かめるようにしたい。

↓

正しい「てにをは」を今まで以上に意識しながら、声に出して読んで確かめるようにしたい。

「てにをは」は、「は」「が」「に」などの助詞を意味する言葉です。詳しくは、（CP39）〜（CP41）で取り上げます。
「意識的に使う」は、「意図的に多く使う」という意味です。

「意識する」は、「注意する」という意味です。この場合は、こちらです。

販売台数が縮小する。

↓

販売台数が減少する。

「規模を縮小する」「数が減少する」「時間を短縮する」という組み合わせが適切です。

山岳部に入ったきっかけは、山が好きだったことだ。

↓

山岳部に入った理由は、山が好きだったことだ。

または

山岳部に入ったのは、山が好きだったからだ。

「入部のきっかけは」と来たら、「山岳部の写真展を見たことだった」などという「出来事」を書きます。好みや趣味は、「きっかけ」ではありません。

CP 34. 言いたいこととずれた言葉は使わない

原文

社会に出て、夢と現実の厳しさを思い知らされた。

‖ヒント

原文をそのまま読めば、「夢の厳しさを思い知らされた」となりますが、そんなはずはありません。書き手が何を言いたかったのかを想像してみてください。

文章指導をしていると、このような意味不明の表現に出くわすことがしばしばあります。自分の頭の中にある思いを言葉にして外に連れ出す時に、うっかり違う言葉にすり変わってしまったり、表現が短絡してしまったりすることがあるからでしょう。
自分が選んだ言葉が、「言いたいことからずれていないか」と常にチェックする習慣をつけてください。

改善案

社会に出て、夢と現実の違いを思い知らされた。

または

社会に出て、現実の厳しさを思い知らされた。

または

社会に出て、それまで抱いていた夢と厳しい現実との違いを思い知らされた。

‖ポイント

この場合は「違い」というキーワードが、「厳しさ」という言葉と入れ替わってしまったのかもしれません。あるいは、「夢と現実」という言葉はワンセットで使われることが多いので、うっかり「夢と」という言葉が迷い込んでしまったとも考えられます。

‖類例

アメリカでいろいろな国の人に会い、自分とは異なる文化に魅力を感じた。

⬇

アメリカでいろいろな国の人に会い、自分の国の文化とは異なる文化に魅力を感じた。

「自分と異なる文化」では、自分が一つの文化のようです。言葉がうっかり短絡してしまったのでしょう。

彼は競馬で負けてはそれを取り戻そうと、ヤケになって大金をつぎ込むという破滅を歩む典型的パターンの男だった。

⬇

彼は競馬で負けてはそれを取り戻そうと、ヤケになって大金をつぎ込むという典型的な破滅型の男だった。

「破滅を歩む」ではなく、「破滅への道を歩む」でしょう。「典型的な破滅型の男」という表現も、このような場合によく使われます。

1980年代の漫才ブームは、ここ数年のお笑いブームとは比にならなかった。

⬇

1980年代の漫才ブームは、ここ数年のお笑いブームの比ではなかった。

または

1980年代の漫才ブームは、ここ数年のお笑いブームとは比較にならないほど大きかった。

「比ではない」が定着した言い方です。

共働きが普通になっている現状では、男性の家事、育児への協力がまだ足りない。

↓

共働きが普通になっているにもかかわらず、男性の家事、育児への協力がまだ足りない。

> 「現状では」というあまり意味のない言葉で妥協してしまわずに、一度立ち止まって、自分の言いたいことをより的確に表す言葉を探してみてください。

オゾン層の破壊は、１つの国だけが対策を取らなければならない問題ではなく、人類全体が考えなければならない深刻な問題である。

↓

オゾン層の破壊は、１つの国が対策を取れば済む問題ではなく、人類全体が考えなければならない深刻な問題である。

> 意味はほとんど同じだと思いますが、この場合、「対策を取れば済む問題ではない」が適切な表現です。

CP 35. 能動と受動（受け身）を使い分ける

原文

ガソリン高の影響により、自動車業界を根底から揺さぶりかねない。

ヒント

これは、能動と受動（受け身）の問題です。

改善案

ガソリン高が、自動車業界を根底から揺さぶりかねない。

または

ガソリン高によって、自動車業界は根底から揺さぶられかねない。

‖ポイント

「ガソリン高が、揺さぶる」「ガソリン高により、揺さぶられる」のいずれかです。

‖類例

諸外国は、日本に食糧を輸出するために、日本の農地の2.5倍の農地が使われているそうだ。

⬇

諸外国は、日本に食糧を輸出するために、日本の農地の2.5倍の農地を使っているそうだ。

または

諸外国では、日本に食糧を輸出するために、日本の農地の2.5倍の農地が使われているそうだ。

「諸外国は、使っている」「諸外国では、使われている」のいずれかが正しい表現です。

CP 36. 「する」と「させる」を使い分ける

原文

文章力を向上することによって、社会人としてさまざまな可能性を広げたい。

‖ヒント

自動詞の「する」と他動詞の「させる」が対になっています。以下のように使い分けます。

品質が（は）向上する。
品質を向上させる。

彼が（は）アメリカに出張する。
彼をアメリカに出張させる。

勉強とテニスが（は）両立する。
勉強とテニスを両立させる。

服と靴の色が（は）マッチする。
服と靴の色をマッチさせる。

つまり助詞「が（は）」の後に「する」が来る場合は、「を」の後には「させる」が来るのです。

改善案

文章力を向上させることによって、社会人としてさまざまな可能性を広げたい。

‖ポイント

「文章力が向上する」「文章力を向上させる」のように使い分けます。

‖類例

創立50周年記念行事の企画チームを発足したい。

⬇

創立50周年記念行事の企画チームを発足させたい。

「です・ます」調と「だ・である」調を混在しないようにしたい。

⬇

「です・ます」調と「だ・である」調が混在しないようにしたい。

または

「です・ます」調と「だ・である」調を混在させないようにしたい。

CP 37.「なる」と「する」を使い分ける

原文

彼からの久しぶりの電話が、私の将来を明るくさせた。

‖ヒント

自動詞の「なる」と他動詞の「する」が対になっています。以下のように使い分けます。

その曲のヒットで懐が（は）豊かになる。
その曲のヒットが懐を豊かにする。

彼が（は）レギュラーになる。
彼をレギュラーにする。

お酒で体が（は）温かくなる。
お酒で体を温かくする。

旅行が（は）中止になる。
旅行を中止にする。

つまり助詞「が（は）」の後に「なる」が来る場合は、「を」の後には「する」が来るのです。

改善案

彼からの久しぶりの電話が、私の将来を明るくした。

ポイント

「将来が明るくなる」「将来を明るくする」のように使い分けます。

類例

童話の読み聞かせが、子供の心を豊かにさせる。

↓

童話の読み聞かせで、子供の心が豊かになる。

または

童話の読み聞かせが、子供の心を豊かにする。

その日に生じた誤解が、二人の関係を悪くさせた。

↓

その日に生じた誤解で、二人の関係が悪くなった。

または

その日に生じた誤解が、二人の関係を悪くした。

CP 38. 列挙する時は、品詞を揃える

原文

地球温暖化の結果、猛暑、北極の氷が溶けてしまい、海面上昇などと、既に被害は出ている。

‖ヒント

いくつかのことを列挙する時には、動詞、名詞、形容詞などのうちのどれかに揃えないと、読み手は違和感を持ってしまいます。

改善案

地球温暖化の結果、猛暑が到来し、北極の氷が溶け、海面も上昇するなどと、既に被害は出ている。（動詞に統一）

または

地球温暖化の結果、猛暑、北極の氷の溶解、海面上昇などと、既に被害は出ている。（名詞に統一）

ポイント

一般に名詞に揃えるよりは動詞に揃えた方が、分かりやすく、また柔らかい感じになります。
特に漢語の名詞が並ぶと、硬い感じになります。

類例

PET ボトルを可燃ごみにすれば、環境負荷の低減と共に、リサイクルを援助する税金も省ける。

⬇

PET ボトルを可燃ごみにすれば、環境負荷を低減できるし、リサイクルを援助する税金も省ける。

CP 39. 「に」と「で」を使い分ける

原文

将来海外にお住まいの際でも、お近くに当社のサービスセンターをお探しいただけると思います。

‖ヒント

「コラム4」（161頁）で述べるように、「てにをは」は日本語の中でとても重要な役割を果たしていますが、近年その使い方に混乱が生じています。
ここから3つのチェックポイントで、その中の典型的なものを取り上げます。
最初は、「に」と「で」の逆転現象です。

改善案

将来海外にお住まいの際にも、お近くで当社のサービスセンターをお探しいただけると思います。

‖ポイント

「その際に探す」と言いますが、「その際で探す」とは言いません。また、「近くで探す」と言いますが、「近くに探す」とは言いません。

「てにをは」が、しばらく先にある述語とも、しっかりかみ合っていることを確認してください。

‖類例

夏はプールや海で、肌が真っ黒になるまで泳ぎに行きました。

⬇

夏はプールや海に、肌が真っ黒になるまで泳ぎに行きました。

> 「海で泳ぐ」「海に行く」が正しい組み合わせです。ですから、「海で真っ黒になるまで泳ぎました」なら適切な表現です。

彼は今、自信であふれている。

↓

彼は今、自信にあふれている。

他に「活気にあふれる」という表現もあります。

私が見たバラエティ番組でこんなものがあった。

↓

私が見たバラエティ番組にこんなものがあった。

「その番組で、〇〇を紹介した」なら「で」です。

文章に重要なことは、読み手に納得してもらうことである。

↓

文章で重要なことは、読み手に納得してもらうことである。

「文章において重要なこと」という言い方はあります。その意識が「文章に」という表現に出たのだと思います。しかし、「において」を短く言うと「で」になります。

後に聞くと、彼らは事前にしっかり準備していたのだ。

↓

後で聞くと、彼らは事前にしっかり準備していたのだ。

「後に明らかになった」なら、「に」です。

*

『助詞・助動詞の辞典』（森田良行、東京堂出版）は、「に」には次の10通りの意味があると説明しています。

「北に進む」（方向）
「大阪に着く」（帰着点）
「棚の上にある」（所在場所）
「六時に起きる」（生起時刻）
「友人に頼む」（相手）
「弟を兄に比べる」（比較）
「信号が赤に変わる」（化成の結果）
「妻に行かせる」（使役の相手）
「妻に行ってもらう」（恩恵賦与の主体）
「夫に先立たれる」（受身の対象）

『広辞苑』は、格助詞「に」の意味を18通りに分けていますが、冒頭で以下のように説明しています。
「時間的・空間的・心理的なある点を指定するのが原義で、多くは動作・作用・存在を表す語に続いて使われる。後の時代には、所を指示する意味では下に来る語が存在など静的な意味の場合に用い、動作・作用など動的な意味の場合には『で』を用いるように分かれる」

この説明で、「ここにある」と「ここで買う」の区別などは明らかになります。

CP 40. 「に」と「を」を使い分ける

原文

ハードな練習を、仲間と共に一生懸命取り組んだ。

ヒント

この文の問題点を発見するために、まず、修飾語「ハードな」と「一生懸命」を取り去ってみましょう。すると、

「練習を仲間と共に取り組んだ」

となります。

さらに、補足的な説明「仲間と共に」を取り去ると、

「練習を取り組んだ」

となります。問題点に気づきましたか。

改善案

ハードな練習に、仲間と共に一生懸命取り組んだ。

ポイント

「練習を取り組む」ではなく、「練習に取り組む」です。修飾語や補足的な説明、挿入句などを取り去り、声に出して読んでみて、「てにをは」を確認しましょう。

類例

部活を一生懸命励む。 ➡ 部活に一生懸命励む。

人間関係を悩んでいる。 ➡ 人間関係に悩んでいる。

友達の大切さを気づく。 ➡ 友達の大切さに気づく。

子供の結婚を反対する。 ➡ 子供の結婚に反対する。

横風がジャンパーのスキー板に直撃した。

（テレビの放送から）

⬇

横風がジャンパーのスキー板を直撃した。

CP 41. 「を」と「が」を使い分ける

原文

漫画やアニメ、ゲームなどを好きだ。

‖ヒント

「が」は一般に主格を表す助詞と考えられています。しかし、もう1つ大事な使われ方があります。

「水が飲みたい」

「お小遣いが欲しい」

「野球が好きだ／嫌いだ」

「当地でもうまい魚が食べられます」

「この家がとても気に入った」

「あの外国人は日本語が分かるようだ」

「彼女は中国語ができる」

（文例は、『助詞・助動詞の辞典』森田良行、東京堂出版）

のような用法です。

ただし、上の例の中に「を」も使えるものがあります。「水を飲みたい」「うまい魚を食べられる」などです。

改善案

漫画やアニメ、ゲームなどが好きだ。

ポイント

余談になりますが、日本語と同じ膠着語《こうちゃくご》に属する韓国語は、文法的構造が日本語に酷似しており、助詞の使い方もそっくりです。

日本語の「が」に当たる助詞（母音の後では「ガ」、子音の後では「イ」）には、主格を表すと同時に、「野球が好きだ」「この家が気に入った」のような用法もあります。

類例

ピアノの連弾は、一人で弾くより壮大な曲が弾くことができるので、新鮮な楽しさがある。

↓

ピアノの連弾は、一人で弾くより壮大な曲を弾くことができるので、新鮮な楽しさがある。

または

ピアノの連弾は、一人で弾くより壮大な曲が弾けるので、新鮮な楽しさがある。

「英語を話す」「英語ができる」と同じ使い分けなのでしょう。

CP 42. 話し言葉にご用心①「なります」

> **原文**
> 仕事の上でよく書くのは、関連部署の協力を得ることが目的の文章となります。

‖ ヒント

「言葉の変化は、通常話し言葉から起きます。いつの時代の人も、話し言葉の中でさまざまな表現を生み出したり、あるいは言葉の誤用を始めたりします。
その中のいくつかは時間とともに新しい表現として受け入れられ、それがやがて書き言葉にも進出します。
ですから最近生み出されたばかりの話し言葉は、話し言葉としてもまだ定着しておらず、ましてや書き言葉としては受け入れられていないので、強い違和感を与えます」
「言葉は絶えず変化するものですから、今違和感を覚えるものも、5年後、10年後には普通になっているかもしれません。しかし、その時点ではまた別の新しい話し言葉が書き言葉に進出して、違和感を与えていることでしょう」（拙著『文章力の基本』から）

「なります」は、このような話し言葉の典型的な例の1つです。話し言葉としても未成熟ですが、ましてや書き言葉としては適切ではありません。

改善案

仕事の上でよく書くのは、関連部署の協力を得ることが目的の文章です。

‖ポイント

「です」「します」で済むところを、「となります」と書くと丁寧になると錯覚している人がいますが、むしろあまり好ましい印象を与えません。

‖類例

信号が変わり次第の発車となります。 ➡
信号が変わり次第、発車（いた）します。

明日は、平常通りの営業となります。 ➡
明日は、平常通り営業（いた）します。

入金確認後の発送となります。 ➡
入金確認後に発送（いた）します。

当社の製品は、種類が豊富なのが強みになります。 ➡
当社の製品は、種類が豊富なのが強みです。

CP 43. 話し言葉にご用心② 「いく」「くる」

原文

高山植物に興味を持てば知りたいことが増えていくし、知っていけば、さらに知りたいことが増えていきます。それに向かって勉強していく気持ちも生まれ、やがてはその知識が生かされていくと思います。

‖ヒント

最近、さまざまな動詞の後に、「いく（行く）」「くる（来る）」を付ける傾向が生まれています。たとえばテレビの料理番組を見ていると、「塩と胡椒を入れていきます」「いためていきます」という具合に、何にでも「いきます」を付ける先生がいます。

書き言葉にもその傾向が生まれていますが、継続や変化を強調する時以外は、余計です。

改善案

高山植物に興味を持てば知りたいことが増え、1つのことを知れば、それに関連した新しいことが知りたくなります。それに向かって勉強していく気持ちも生まれ、やがてはその知識が生かされることになると思います。

ポイント

5つの「いく」を、1つにしてみました。何にでも無意識に、「いく」「いく」と付けないようにしてください。

類例

何か新しいことを始める時は、じっくり考えてから行動していくタイプです。

↓

何か新しいことを始める時は、じっくり考えてから行動するタイプです。

この「行動する」は、「行動を開始する」という意味ですから、「行動していく」は適切ではありません。「始める」という行為は一瞬で終わる行為ですから、「始めていく」は適切ではないのです。

少しずつ経験を重ねていくことで、マネージャーの役割を果たしていくことができるようになった。

↓

少しずつ経験を重ねていくうちに、マネージャーの役割を果たせるようになった。

「ことで」を「うちに」に変えました。（CP21）
２つ目の「いく」は削除しました。

東京の良いところと悪いところを、２つずつ挙げていきます。最初に良いところを挙げていきます。

↓

東京の良いところと悪いところを、２つずつ挙げてみます。まず良いところは…

「多くのものを順番に挙げていく」なら、継続する行為なので「いく」でもいいのですが、たった２つですから、簡潔に書くためにも「いく」を削除した方がいいと思います。

専門知識に加え、働く人の人柄なども重視されてくる仕事だと思います。

↓

専門知識に加え、働く人の人柄なども重視される仕事だと思います。

この「くる」は、無意味です。

＊

森田良行『日本人の発想、日本語の表現』(中公新書)には、「いく」と「くる」を的確に使った場合の意味の深さが説明されています。

たとえば、「木がどんどん伐られていく」には、「腕をこまねいて見ていなければならない心境」「取り返しのつかない焦り」が表れているというのです。「大勢の人が死んでいく」になれば、なおさらだと思います。

「悪化してくる」には、悪化を受け止める視点があり、「まだ間に合う」という印象があるが、「悪化していく」には、悪化の進行を見送る視点があり、「もはや手を付けられない」という印象があるとも書いています。

より身近な表現としては、「だんだん暖かくなってきましたね」には、「もうそれだけで『私』が今いる時点に、現に暖かさが迫ってきているという臨場感」が感じられるとも解説しています。

継続や変化を表す「いく」「くる」には、このような微妙な心理を表す働きもあります。

CP 44. 話し言葉にご用心③ 文頭の「なので」

原文

電気自動車のための技術開発やインフラ整備が加速している。なので、今後普及が進むものと予想されている。

ヒント

これも、最近の話し言葉の影響を受けた文章です。

改善案

電気自動車のための技術開発やインフラ整備が加速している。だから今後普及が進むものと予想されている。

‖ポイント

「なので」は、「今日は雨なので、ハイキングを中止します」のように、前後をつなぐ言葉です。いきなり「なので」で文を始めるのは、最近の話し言葉です。

‖類例

私は、今まであまり本を読んで来ませんでした。なので、本に親しみが持てません。

⬇

私は、今まであまり本を読んで来ませんでした。だから本に親しみが持てません。

地域の住民とのコミュニケーションが少なくなっています。なので、隣近所との付き合いをもっと大事にしたいと思います。

⬇

地域の住民とのコミュニケーションが少なくなっています。ですから隣近所との付き合いをもっと大事にしたいと思います。

私の母はまだ海外に行ったことがありません。なので、今年の夏はぜひ一緒にどこかに行きたいと思います。

⬇

私の母はまだ海外に行ったことがないので、今年の夏はぜひ一緒にどこかに行きたいと思います。

*

このほか、文頭にしばしば登場する最近の話し言葉に、次のようなものがあります。矢印の後が、書き言葉です。

結果 ➡ その結果、結果として
正直 ➡ 正直なところ、正直に言うと
ある意味 ➡ ある意味で（は）
だけど ➡ しかし、けれども
けれど ➡ しかし、けれども

たとえば、次のように書き換えれば、適切な書き言葉になります。

結果、会議をうまく進めることができた。

⬇

その結果（または 結果として）、会議をうまく進めることができた。

CP 45. 話し言葉にご用心④「適当」「そそる」など

原文

私は日本人なのに、適当な日本語を使用していることを実感しています。

‖ヒント

話し言葉では、本来の意味を逆転させて使うことがあります。
「やばい」というのは「危険だ。不都合だ」という意味ですが、最近の若者は、「素晴らしい」という意味で使うことがあります。面接試験に出向いた学生が、「お宅の会社、ヤッバイすね！」と言ったので、会社の人が目を白黒させたという話もあります。

英語でも同じことが起きます。たとえば、terrific というのは「ぎょっとさせるほど恐ろしい」という意味ですが、会話の中では、「すごく素敵だ」という意味にもなります。

改善案

私は日本人なのに、いい加減な日本語を使用していることを実感しています。

‖ポイント

「適当な」という言葉は、書き言葉では普通「適切な」という意味で使われます。話し言葉では「いい加減な」という意味でもよく使われますが、それは「兵隊言葉からの転化」という説がネット上に載っていました。

「いい加減」という言葉自体が、もとの意味とは反対の良くない意味に変わっています。

‖類例

温泉大国のアイスランドという国にそそられます。

⬇

温泉大国のアイスランドという国に惹かれます。

「そそる」は本来、「食欲をそそる」「涙をそそる」「興味をそそる」のように、特定の目的語と共に使われます。最近、話し言葉では単独で使われるようになっていますが、書き言葉としてはまだ定着していません。

「濃い」も、「色が濃い」「お茶が濃い」「ヒゲが濃い」などのように使われます。単独で「濃い日々」などと言うのは、最近の話し言葉です。

レジに「万引きは犯罪です」と書いてあったが、小さな紙に書いてあっても、そこまで印象に残らない。

⬇

レジに「万引きは犯罪です」と書いてあったが、小さな紙に書いてあっても、あまり印象に残らない。

「それほど」「あまり」という意味で、「そこまで」と言う傾向が生まれていますが、書き言葉に使うのは適切ではありません。

*

次のような話し言葉も違和感を与えます。矢印の後が、書き言葉です。

かぶる ➡ 重複する、重なり合う、同じになる
わりと ➡ わりに
なるたけ ➡ なるべく
自然と ➡ 自然に

最後の「自然と」は、「自ずと」に影響されて生まれたのでしょう。最近では、書き言葉としても容認されつつあるかもしれません。

コラム4　「てにをは」にこだわろう

「うちの課長は、『てにをは』にこだわる」という表現は、「些細なつまらないことに、こだわる」という否定的な意味で使われる。しかしそれは「てにをは」にとっては、とんだ濡れ衣だ。

日本語の「てにをは」は、普通は助詞のことを意味する。それは、「は」「が」「に」「で」「を」「の」など1字からなるものが多いから細かなことのように見えるが、実は日本語の中で、決定的に大事な役割を果たしている。人と人、人と物、物と物の関係を示すものだからだ。さまざまな単語は、「てにをは」によって意味のある表現に組み立てられる。

だから、文章を書く時には、あるいは話をする時には、せいぜい「てにをは」にこだわってほしい。

その「てにをは」の混乱が、最近はなはだしい。「に」と「で」、「に」と「を」、「を」と「で」、「を」と「が」などの逆転が目立つし、携帯メールなどでは、「てにをは」を省いて文章を書くことも多い。

あるいは逆に、「で」「の」などの助詞を、不要な所に挿入する傾向も目立つ。

（**CP39**）から（**CP41**）までで、そのうちの典型的な例について説明してみた。

第５章　分かりやすく表記する

本章では、考えを組み立て、表現を吟味した後で、それをどのように表記するのかという点について考えてみます。

表記にはさまざまな配慮が必要です。共同通信社が発行している『記者ハンドブック・新聞用字用語集』は740頁もあり、辞書のような用字用語集の他に、漢字使用の原則、送り仮名の付け方、外来語の書き方、句読点の打ち方、数字の書き方など、多岐にわたる注意がまとめられています。大手新聞社も類書を出しています。

本章では特に、私が文章指導をしていてよく遭遇する読点（、）の問題と、カッコの使い方の問題に注目してみます。

読点の打ち方については、従来あまり系統立った説明がなされて来なかったと思いますが、文章を読みやすく理解しやすいものにするために重要だと思います。そこで、ここでは少し丁寧に説明してみます。

CP 46. 読点① 読点は意味の切れ目に打つ

原文

我々は仕事を終えてから丸太を並べた階段を、一歩一歩足を引きずるようにして上った。

‖ヒント

読点は意味の切れ目（言い換えれば意味の固まり）を読み手に示す、重要な役割を担っています。
新聞社が発行する用字用語集の多くに、読点は「息の切れ目」に打つと書かれていますが、私はそれに賛成しません。

この例文は、ある文芸雑誌にあった文章をアレンジしたものです。しかし、問題の個所は変えていません。読点を、意味の切れ目の位置に移動してみてください。

改善案

我々は仕事を終えてから、丸太を並べた階段を一歩一歩足を引きずるようにして上った。

ポイント

原文を読んだ人の多くは、「仕事を終えてから丸太を並べた」のだと、一瞬意味を取り違えると思います。そうではなくて、「丸太を並べた階段を上った」のですから、改善案のように読点を移動すべきです。

類例

粘り強く努力するという人として大切な姿勢を学んだ。

↓

粘り強く努力するという、人として大切な姿勢を学んだ。

> 読点がないと、最初は「努力するという人」と読んでしまうでしょう。「人として大切な」であることを読点で示しましょう。

和風喫茶でアルバイトを始めて3年になります。今では学校生活と同様生活の一部となっています。

↓

和風喫茶でアルバイトを始めて3年になります。今では学校生活と同様、生活の一部となっています。

「学校生活」に引きずられて「同様生活」と読んでしまうのを防ぎます。「意味を考えれば分かる」では不親切です。

その会社は時々他社の製品より相当、高めの製品を売り出します。

⬇

その会社は時々、他社の製品より相当高めの製品を売り出します。

「相当高めの製品」ですから、「相当」の後には意味の切れ目がありません。

他人に対する思いやりが大事だと思っているのだがいざとなると自分のことを優先してしまう。

⬇

他人に対する思いやりが大事だと思っているのだが、いざとなると自分のことを優先してしまう。

これは逆接のところに読点を打った例です。それまでの流れとは逆のことを言うのですから、そこに意味の切れ目があります。
これは、平仮名ばかりが続くので、意味の切れ目に読点を打って読みやすくする例でもあります。

祖父母とは普段から会えないこともないが用事はつい電話で済ませてしまっている。

⬇

祖父母とは普段から会えないこともないが、用事はつい電話で済ませてしまっている。

> これも、逆接のところに読点がほしいケースです。

ほとんどの現代人にとってコンビニはなくてはならない存在ではないかと思う。

⬇

ほとんどの現代人にとって、コンビニはなくてはならない存在ではないかと思う。

> この1つの読点があるだけで、意味がすぐに読み取れるようになると思います。

CP 47. 読点② 長めの主語、目的語の切れ目に

原文

勇気がなくて話したくても、自分から英語で話しかけることができなかった学生がその後あるアメリカ人と仲良くなった。

ヒント

前項で述べたように、読点は意味の切れ目を示すものです。この文の場合は、どこに読点を打つと読みやすくなると思いますか。

改善案

勇気がなくて話したくても自分から英語で話しかけることができなかった学生が、その後あるアメリカ人と仲良くなった。

ポイント

長めの主語や、長めの目的語の切れ目に読点があると、意味の切れ目が一目で分かり、理解しやすくなります。

原文は、「話したくても話しかけることができない」という一連の意味を、途中で読点で断ち切ってしまっていました。(CP50)

類例

業務文書を書く際に、気をつけていることは読み手の立場に立って簡潔に書くことである。

↓

業務文書を書く際に気をつけていることは、読み手の立場に立って簡潔に書くことである。

これは、典型的な「AはBである」という文です。長めの主語の後に読点を打つと、文の構造が一目で分かります。

「書く際に気をつける」を読点で分断するのは適切ではありません。

中学生でニュースに全く興味がなかった私もあの事件は衝撃的でテレビを見ずにはいられなかった。

⬇

中学生でニュースに全く興味がなかった私も、あの事件は衝撃的でテレビを見ずにはいられなかった。

学生時代の旅行で特に印象に残っているのは3年生の時に、友人と行った北海道旅行だ。

⬇

学生時代の旅行で特に印象に残っているのは、3年生の時に友人と行った北海道旅行だ。

太極拳を始めたきっかけは地元の講習会のチラシを見たことだった。

⬇

太極拳を始めたきっかけは、地元の講習会のチラシを見たことだった。

上の3つも、長めの主語の後の読点です。
下の3つは、長めの目的語の後に読点を打ったものです。

それまでは躊躇《ちゆうちよ》していたアルバイトに今年から思い切って挑戦しました。

↓

それまでは躊躇していたアルバイトに、今年から思い切って挑戦しました。

我が子の必死の表情やとびきりの笑顔を写真やビデオに収めておきたい。

↓

我が子の必死の表情やとびきりの笑顔を、写真やビデオに収めておきたい。

コンクールで数少ない予選通過者に選ばれた時の嬉しさは今でも鮮明に覚えている。

↓

コンクールで数少ない予選通過者に選ばれた時の嬉しさは、今でも鮮明に覚えている。

この「は」は、「を」という意味です。「コラム１」の後半（51頁）を参照してください。

CP 48. 読点③ 理由、原因の説明の後に

原文

みんな自分が生きているうちは平気だと考えているから地球温暖化の問題に積極的に取り組もうとしないし私もその一人です。

‖ヒント

このように読点がないと、最後まで読んでみてから、どこに意味の切れ目があるのかを考えねばなりません。
適切なところに読点を打って、読みやすくしてください。

文を２つに分けることも勧めます。
「　」も使ってみてください。

改善案

みんな「自分が生きているうちは平気だ」と考えているから、地球温暖化の問題に積極的に取り組もうとしません。私もその一人です。

‖ポイント

理由、原因などの説明が終わったところで読点を打ち、その後に結果を書くと、読みやすくなります。最初の「から、」の読点がそれです。理由、原因などを説明する文は、頻繁に書く機会があります。

次に、「…しようとしないし」と不用意に後につなげないで、「…しようとしません。」と一度着地します。(CP24)
頭の中で考えたことも「　」でくくると、読みやすくなります。(CP51)

‖類例

ＩＴ技術の進歩により自分の好みの商品を自宅で瞬時に注文することができるようになった。

⬇

ＩＴ技術の進歩により、自分の好みの商品を自宅で瞬時に注文することができるようになった。

外国に留学し語学学校に入った日本人は引っ込み思案で話さないので最下級のクラスに入れられることが多いそうです。

↓

外国に留学し語学学校に入った日本人は、引っ込み思案で話さないので、最下級のクラスに入れられることが多いそうです。

> まず、長めの主語の後に読点を打ちました。(CP47)
> 次に、理由の説明の後に打ちました。

紫外線はとても有害なもので浴び過ぎると皮膚がんになったり白内障になったりする。

↓

紫外線はとても有害なもので、浴び過ぎると皮膚がんになったり、白内障になったりする。

> 「もので」は「ものなので」という意味ですから、その後に読点を打ちます。
> ２つ目の読点は、皮膚がんと白内障という２つのリスクの間に打ったものです。

小学生の頃は毎日のピアノの練習が苦痛で幾度となく「やめたい」と思った。

↓

小学生の頃は毎日のピアノの練習が苦痛で、幾度となく「やめたい」と思った。

「苦痛だったので」という意味です。

慣れてきてボレーが好きになり後衛ではなく、前衛を担当していた。

↓

慣れてきてボレーが好きになり、後衛ではなく前衛を担当していた。

「好きになったので」という意味です。そのように書けば、より親切です。（CP20）

一人だけの食事はとても味気なく食べる意欲をなくしてしまう。

↓

一人だけの食事はとても味気なく、食べる意欲をなくしてしまう。

「味気なく食べる」と続けて読まれると、別の意味になってしまいます。「味気なく」は、「味気ないので」という意味です。そのように書けば、もっと明確になります。（CP20）

＊

「Aだから、Bです」ではなく、「Bなのは、Aだからです」とすれば、理由、原因の説明の前に読点が来ることになります。

CP 49. 読点④ 前提、状況の説明の後に

原文

アルバイトが終わり、作業場から外に出るともうすぐ春とは思えないほど冷たい風が吹いていた。声をかけられて振り返ると作業の相方のＡさんが煙草をふかしていた。

ヒント

ここでも、意味の切れ目を探してみてください。

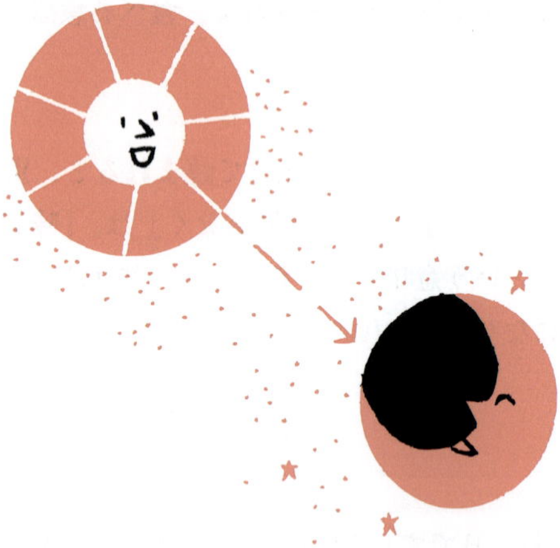

改善案

アルバイトが終わり作業場から外に出ると、もうすぐ春とは思えないほど冷たい風が吹いていた。声をかけられて振り返ると、作業の相方のAさんが煙草をふかしていた。

ポイント

前提や状況の説明が終わったところで読点を打つと、理解しやすくなります。

類例

常に笑顔でいることによってコミュニケーションが生まれやすい状況になります。

↓

常に笑顔でいることによって、コミュニケーションが生まれやすい状況になります。

猫が可愛らしい顔で寄って来てくれるとその日の疲れが吹き飛んでしまう。

↓

猫が可愛らしい顔で寄って来てくれると、その日の疲れが吹き飛んでしまう。

一つ一つの作業を丁寧に迅速にこなしていると店の雰囲気が明るくなる。

⬇

一つ一つの作業を丁寧に迅速にこなしていると、店の雰囲気が明るくなる。

製品の改良に伴い素材の配合を変更することになりました。

⬇

製品の改良に伴い、素材の配合を変更することになりました。

経済的にも精神的にも自立したら今度は私が両親の力になり、支えてあげたいと思います。

⬇

経済的にも精神的にも自立したら、今度は私が両親の力になり、支えてあげたいと思います。

コンビニが 24 時間営業していれば緊急に何かが必要になった場合に便利だ。

⬇

コンビニが 24 時間営業していれば、緊急に何かが必要になった場合に便利だ。

コンビニは第二の冷蔵庫と呼ぶ人もいるほど私たちの生活に欠かせない存在になっている。

⬇

コンビニは第二の冷蔵庫と呼ぶ人もいるほど、私たちの生活に欠かせない存在になっている。

＊

ここまでで「意味の切れ目」の典型的な例をいくつか示しましたが、それ以外にも次のようなところに読点を打つと、読みやすくなります。あるいは、誤解を避けることができます。

- 時間や場所が変わるところ
- 対比する２つの表現の間
- 挿入句の前後
- ひらがなばかり、漢字ばかり、カタカナばかりが続く場合、その中の意味の切れ目
- 隣同士の修飾語の間に、予想外の修飾関係が生じてほしくないところ

例：「今日訪ねて来た友人の奥さん」では、「友人」と「奥さん」のどちらが訪ねて来たのか分からないので、
「今日訪ねて来た、友人の奥さん」
「今日訪ねて来た友人の、奥さん」
のように書き分けます。

CP 50. 読点⑤ 意味の固まりを分断しない

原文

３年後の今も、この仕事を続けているのは「責任を任されることの喜び」を知ったからです。

‖ヒント

読点で意味のつながりを断ち切ってしまうと、分かりにくくなってしまいます。

改善案

３年後の今もこの仕事を続けているのは、「責任を任されることの喜び」を知ったからです。

‖ポイント

「今も続けている」を、読点で分断しないようにします。代わりに、理由の説明の前に読点を打ちました。(CP48)

‖類例

ふと、思い立って周りの何人かに「今の職場は風通しが良いと思うか」と聞いてみた。

⬇

ふと思い立って、周りの何人かに「今の職場は風通しが良いと思うか」と聞いてみた。

「ふと思い立つ」という意味の固まりを、分断しないようにします。読点は、むしろ「思い立って」という状況説明の後に欲しいと思います。(CP49)

まだレジ操作に不慣れで、てんてこ舞いだった頃にお客様から、温かい声をかけていただいた。

⬇

まだレジ操作に不慣れでてんてこ舞いだった頃に、お客様から温かい声をかけていただいた。

「不慣れでてんてこ舞い」「お客様から声を」という意味の固まりを分断しないようにします。
代わりに、状況説明が終わったところで、「頃に、」と読点を打ちました。（CP49）

日本では分刻みで時刻表通りに、運転するのが当たり前だと思われている。

↓

日本では、分刻みで時刻表通りに運転するのが当たり前だと思われている。

「時刻表通りに運転する」を分断すべきではありません。

大学を出てすぐに、教師になれなくても、必ずいつか教壇に立ちたい。

↓

大学を出てすぐに教師になれなくても、必ずいつか教壇に立ちたい。

「すぐに教師になる」は、一連の言葉です。

私はできるだけ早く、結婚したいと思っています。

↓

私は、できるだけ早く結婚したいと思っています。

「早く結婚する」と続けます。

私は、その事実を知り、とても驚きました。

⬇

私はその事実を知り、とても驚きました。

短い主語の後では、必ずしも読点を打つ必要がありません。「私は知り」と続けた方がいいと思います。

お客様の銀行に対する印象は窓口の対応によって、決まると思います。

⬇

お客様の銀行に対する印象は、窓口の対応によって決まると思います。

「対応によって決まる」を分断すべきではありません。むしろ「印象は」と、主語が終わったところで読点を打つのが適切です。(CP47)
原文は、読んでいて息が切れる辺りで、無意識に読点を打ったかのようです。

CP 51.「　」を上手に使う

原文

私は子供のころ、教師である両親を嫌っていた。私のことをちゃんと考えてくれていない、生徒の一人だと思っているみたいだと感じていた。

ヒント

「　」を使って、より読みやすくなるようにしてください。

なお、「　」（カギカッコ）に限らず、すべてのカッコを閉じる直前の句点（。）は、省略します。たとえば、「ありがとう。」とは書かず、「ありがとう」と書きます。

改善案

私は子供のころ、教師である両親を嫌っていた。「私のことをちゃんと考えてくれていない。生徒の一人だと思っているみたいだ」と感じていた。

‖ポイント

セリフだけでなく、考えたこと感じたことも「　」でくくると、読みやすく、分かりやすくなります。生き生きとした感じにもなります。

この問題は、既に何度も指摘してきました。(45、75、95、97、173頁)

‖類例

130ヵ国が加盟する発展途上国の連合組織であるG77は影響力がない、権力がないと誤解されがちである。

⬇

130ヵ国が加盟する発展途上国の連合組織であるG77は、「影響力がない。権力がない」と誤解されがちである。

この例の場合は、「　」がないと、「G77は影響力がない。権力もない」と一旦理解し、後にその考えを180度ひっくり返さねばなりません。

また、長い主語の終わり「G77は」で、読点を打ちます。(CP47)

企業風土を変えることは難しいという、時間がかかるということを認識する必要がある。

↓

「企業風土を変えることは難しい。時間がかかる」ということを認識する必要がある。

「という」が重なるのは好ましくありません。
認識すべきことを「　」でくくると、分かりやすくなります。

私の通う大学内には、宗教団体に注意してください。という掲示がある。一部の宗教団体には、一度入ったら抜けられない。という怖い感じがある。

↓

私の通う大学内には、「宗教団体に注意してください」という掲示がある。一部の宗教団体には、「一度入ったら抜けられない」という怖い感じがある。

句点（。）は、文の終わりにのみ打ちます。文中に打つのは、禁じ手です。網をかけた2つの句点を読点に変える方法もありますが、「　」を使うとより明確になります。

コラム5　「すごく」は死んだか？

「早い時間に」の「早い」は、「時間」という名詞を修飾している。形容詞と呼ばれる。

「早く起きた」の「早く」は、「起きる」という動詞を修飾している。副詞と呼ばれる。

文法用語はともかくも、「早い」と「早く」は別の言葉として使い分けられている。「早い起きた」とは言わない。

しかるに、「すごい」と「すごく」について見ると、「すごく」は、死滅しつつあるかのようだ。「私はすごく嬉しい」が本来だが、テレビを見ていると大部分の人が、「私はすごい嬉しい」と言っている。

ある日のNHK教育テレビにも、「すごい上手になった」という字幕が出ていた。別の日のNHK解説委員の座談会でも、「…とすごい実感しています」という発言があった。

「すごい便利です」「すごい困ります」が、もう普通になってしまった。

「言葉が乱れている」という批判に対して、「言葉というものは、変化するものなのだ」という反論がよく聞かれる。確かに、言葉は時と共に変化する。

しかし私は昨今、言葉が変化しているばかりでなく、「言葉をどんどん失っている」と感じている。たとえば、

「すごい」と「かわいい」の２つの形容詞だけで、あらゆることを表現しようとする人がいる。副詞は、「チョー」と「まじで」で済ませている。

最近の「話し言葉」の１つの特徴は、「１字省き」である。次のような具合だ。

まじめ ➡ まじ
やっぱり ➡ やっぱ
ばっかり ➡ ばっか　例：「無茶ばっか言う」
あんまり ➡ あんま
けっこう ➡ けっこ

これらの「１字省き」は、言葉が安直に流れる風潮を示していると思う。

その風潮が、「１字省き」にとどまらず、ある言葉そのものを抹殺してしまうところまで進んでいるのではないかと心配になる。

どんどん語彙が減ると、思考力のみならず感性や情緒も失っていく。そうなれば、楽しみの少ない、薄っぺらい人生になってしまう。

「すごい」と共に「すごく」も使い、この２語を使い分けませんか、皆さん。

第６章　全体の構成を考える

本章では、比較的長い文章の構成について考えてみたいと思います。

小論文やエッセー風の文章は、普通いくつかの段落によって構成されます。私は経験的に、１つの段落は長くても250字以内にすることを勧めています。逆に短い方は、いくら短くても構いません。

そうすると１つの段落の長さは、平均して150〜200字ほどになります。ですから、たとえば800字の文章であれば、４〜５つの段落から構成されるのが普通です。

理想論を言うならば、各段落で書こうとすることを１行程度で要約し、それを順番に並べてみて、最初から最後までうまく話がまとまっていることを確認し、それを設計図にして書くのがいい方法です。

しかし、そのような理想的な書き方は、なかなかできるものではありません。頭の中は混沌としていることが多いからです。

それではどうしたらいいでしょうか。それがこの章のテーマです。

注：この章では、段落の頭の１字下げを行います。

CP 52. 同じ話はまとめて書く

原文

私が育った町はとても交通の便が悪かったため、東京の便利さを実感している。まず、町には電車の駅がない。電車に乗るためには、車で 15 分かけて隣の市に行かなくてはならない。バスも、1 時間に 1 本である。しかも時刻表通りに来たためしがない。その上東京は、利用者が多いために運賃を安く設定できる。田舎では、そんな事情があるため電車やバスの利用者は限られてくる。たいていの人は車で移動している。

ヒント

この文章は、話が行ったり来たりしています。話の順番を整理すると、ずっと読みやすくなります。

改善案

私が育った町には電車の駅がない。電車に乗るためには、車で15分かけて隣の市に行かなくてはならない。バスも1時間に1本である。しかも時刻表通りに来たためしがない。だからたいていの人は車で移動している。

そのような交通の不便な場所で育ったので、東京の便利さを実感している。東京は利用者が多いので、運賃も安く設定できる。

ポイント

原文は、故郷→東京→故郷→東京→故郷という順に書かれていました。それを改善案では、故郷→東京に整理しました。段落も2つに分けました。

類例

二酸化炭素の排出量の上位は先進国が占めており、日本は国土が小さいにもかかわらず4位となっている。よって発展途上国が産業発展していくとさらに二酸化炭素が増加するだろう。だが、先進国だけに地球温暖化の原因があるわけではない。先進国は活発な経済活動のため森林を伐採したりするが、途上国は人口が急激に増加し、農地拡大のために森林を伐採している。

⬇

二酸化炭素の排出量の上位は先進国が占めており、日本は国土が小さいにもかかわらず４位となっている。だが、先進国だけに地球温暖化の原因があるわけではない。先進国は活発な経済活動のため森林を伐採したりするが、途上国は人口が急激に増加し、農地拡大のために森林を伐採している。発展途上国が産業発展していくとさらに二酸化炭素が増加するだろう。

> 原文は、先進国→途上国→先進国→途上国という順に書かれています。２番目の文を最後に移動すると、先進国の話が全部済んだ後に途上国の話に移るので、流れがスムーズになります。

＊

前に、「思いつく順番と、書くべき順番は異なる」と書きました（65頁）。長文の構成を考える時には、特にそれが重要です。

書くべき順番とは、読み手にとって理解しやすい順番です。一方、思いつく順番とは…これはもう、全く制御不能です。人が何をどういう順番で思いつくのかは、「神のみぞ知る」です。

CP 53. 「しかし」「しかし」を繰り返さない

原文

　私は、子供が生まれても仕事を辞めたくない。しかし、実際はどうなるだろうか。ホテルの仕事は早朝や深夜の勤務もあるので、子供を育てながら働くのはとても難しい。だが、仕事に楽しさを感じているので、辞めるのはつらい。しかし、何物にも替え難い仕事を持っているが、子供が生まれたら、子供の傍にいて成長を見守りたい。

‖ヒント

　難しい問題ですから、気持ちが揺れるのも無理はありません。しかし、「辞める」という話と「辞めない」という話が交互に繰り返されると、読み手は右往左往しなければなりません。

　「辞めない」という話を全部まとめて書いた後、「しかし」を一度だけ使って、「辞める」という話を書いてください。

改善案

　私は、子供が生まれても仕事を辞めたくない。仕事に楽しさを感じているので、辞めるのはつらい。今の仕事は何物にも替え難いと思う。

　しかし、ホテルの仕事は早朝や深夜の勤務もあるので、子供を育てながら働くのはとても難しい。やはり、子供が生まれたら、子供の傍にいて成長を見守りたい。

ポイント

ここには、「同じ話はまとめて書く」（CP52）がそのまま当てはまります。

「Aです。しかしBです。でもCということもあります。しかしDです」

とならないように、

「AでありCでもあります。しかし、Bであり、Dです」

とします。そうすれば、「しかし」は1つになります。

どうしても結論が出せなければ、最後に「私はまだどちらとも決めかねています」と正直に書くのは構いません。

CP 54. 箇条書きを活用する

原文

指導の全般にわたって、資料を選択し活用する学習活動を重視するとともに作業的、体験的な学習の充実を図るようにする。その際、地図や年表を読みかつ作成すること、新聞、読み物、統計その他の資料に平素から親しみ適切に活用すること、観察や調査などの過程と結果を整理し報告書にまとめ、発表することなどの活動を取り入れるようにする。また、資料の収集、処理や発表などに当たっては、コンピュータや情報通信ネットワークなどを積極的に活用し、指導に生かすことで、生徒が興味・関心をもって学習に取り組めるようにするとともに、生徒が主体的に情報手段を活用できるよう配慮するものとする。その際、情報モラルの指導にも配慮するものとする。（学習指導要領の中学、社会、「第３ 指導計画の作成と内容の取扱い」項目２）

‖ヒント

このようにいくつものことを列記する場合には、箇条書きに勝る書き方はありません。

改善案

(1) 指導の全般にわたって、次のように配慮する。

- 資料を選択し活用する学習活動を重視する。
- 作業的、体験的な学習の充実を図る。
- 生徒が興味・関心をもって学習に取り組めるようにする。（注：コンピューターなどに関して書かれていた文言ですが、全般にかかわるものと解釈してここに移動しました）

(2) 下記の活動を取り入れる。

- 地図や年表を読みかつ作成する。
- 新聞、読み物、統計その他の資料に平素から親しみ、適切に活用する。
- 観察や調査などの過程と結果を整理し報告書にまとめ、発表する。

(3) 資料の収集、処理や発表などに当たっては、以下のように配慮する。

- コンピューターや情報通信ネットワークなどを積極的に活用し、指導に生かす。
- 生徒が主体的に情報手段を活用できるよう配慮する。
- 情報モラルの指導も行う。

‖ポイント①　原文の問題点

(1)原文を丁寧に読んでも、一読して理解することは容易ではありません。「とともに」「また」という「つなぎ語」でさまざまな事項が書き連ねられていますので、階層構造も分からず、何と何が書かれているのかも俄《にわか》には把握できません。

(2)原文には「その際」という指示代名詞が２つありますが、それが何を指すのかが不明確です。

(3)この原文をもとに質疑応答したり、議論したりするのは困難です。そうしようとしたら、必然的に箇条書きにしなければならなくなります。

(4)なお、学習指導要領は大部分が細かく箇条書きにされています。この部分は従来あった表現に「情報モラルの指導」などの言葉を新たに足したために、比較的長い書き流しスタイルになったのだと思います。

‖ポイント②　箇条書きの特徴

(1)箇条書きにするというのは、ある意味で裸になることです。飾りの部分やレトリック（修辞）が取り去られますから、言葉がむき出しになります。ですから言いたいことが明確になる一方で、不適切な表現や論理的矛盾、飛躍などがあれば、それもむき出しになります。だからこそ、業務上の文章などに適しているのです。

(2)改善案は、「推測を交えた1つの解釈」ですので、原文の書き手からはいくつかの問題点を指摘されるだろうと想像します。そこで1項目ごとに議論していけば、初めて意味が明確になります。

(3)箇条書きにも、「同じ話はまとめて書く」という原則（CP52）が応用されます。

CP 55. 骨子を再構成する

最後のこのチェックポイントは、「長文の構成」に関わるものですので、今までとは異なるフォーマットを使用します。

「情報モラル教育の必要性」と題したある論文の冒頭に、以下のような文章がありました。多岐にわたる内容が1つの長い段落に盛り込まれていますので、理解は容易ではありません。

これを、より分かりやすく構成し直す工夫をしてみます。

‖原文

情報モラルとは、「情報社会を生きぬき、健全に発展させていく上で、すべての国民が身につけておくべき考え方や態度」(出典:文部科学省委託事業「すべての先生のための『情報モラル』指導実践キックオフガイド」)であり、情報モラル教育とはそれを教えるものである。情報社会では、一人一人が情報化の進展が社会に及ぼす影響を理解し、情報に関する問題に適切に対処し、情報社会に積極的に参加しようとする創造的な態度が大切である。誰もが情報の送り手と受け手の両方の役割を持つようになるこれからの情報社会では、情報がネットを通してすぐに世界中に伝達され、予想もしない影響を与えてしまう。対面のコミュニケーションでは考えられないような誤解を招く可能性も少なくない。このような情報社会の特性を理解し、情報化の影の部分が極力発現しないように、適正な考え方や態度を身につけることが必要である。そこで学習指導要領では、「情報社会で適正な活動を行うための基になる考え方と態度」を「情報モラル」と定め、各教科の指導の中で身につけさせることとしている。具体的には、他者への影響を考え、人権、知的財産権など自他の権利を尊重し、情報社会での行動に責任を持つことや、危険を回避し、情報を正しく安全に利用し、コンピューターなどの情報機器の使用が、健康に及ぼす影響を理解することなどを目標としている。これらの内容は、情報社会の進展に伴って変化することが考えられるので、今後も柔軟に、適切に対応することが必要である。また、既にネットやケータイを利用している児童生徒への情報モラル教育はもちろん必要であるが、これから新たにネットやケータイに触れる児童生徒に対しても、情報社会の光の部分と共に、その影の部分に関する具体的な事例、それに伴うルールや遵守《じゅんしゅ》すべきことを明確に理解させる必要がある。また、この取り組みは学校のみならず、社会や家庭を巻き込み、それぞれの立場で情報の共有化や児童生徒への教育を進めていかなければならない。

（833 文字）

‖ 骨子

原文に書かれた内容を順に要約すると、以下のようになります。さまざまなことが、思いつくままに書き連ねられています。

①情報社会を生き抜き、健全に発展させるために「情報モラル」が必要。
②すべての国民が「情報モラル」を身につけるべきだ。
③「情報モラル教育」は、情報モラルを教えるもの。
④情報社会では、情報化の進展が社会に及ぼす影響を一人一人が理解することが必要。
⑤一人一人が情報に関する問題に適切に対処すべきだ。
⑥一人一人が情報社会に積極的に参加しようとする創造的な態度が大切。
⑦誰もが情報の送り手と受け手の両方の役割を持つ。
⑧情報はネットを通して、すぐに世界中に伝達されるので、予想もしない影響を与える。
⑨対面コミュニケーションでは考えられない誤解も招く。
⑩情報社会の特性を理解し、情報化の影の部分が発現しないようにすることが必要。
⑪そこで学習指導要領では、「情報モラル」を各教科の中で身につけさせることとしている。
⑫具体的には、
- 他者への影響を考える。
- 人権、知的財産権など、自他の権利を尊重する。
- 情報社会での行動に責任を持つ。
- 危険を回避して、情報を正しく安全に利用する。

・コンピューターなどの情報機器の使用が、健康に及ぼす影響を理解する。

ことなどを目標としている。

⑬情報社会の進展に伴って、学習指導要領で定めるこれらの目標は変化する可能性があるので、それに柔軟に対応すべきだ。

⑭既にネットや携帯を利用している児童生徒に対してのみならず、これから利用する児童生徒にも情報モラル教育が必要。

⑮児童生徒に、情報社会の光の部分と共に、その影の部分を理解させることが必要。

⑯児童生徒に、具体的な事例を挙げ、ルールや遵守すべきことを理解させることが必要。

⑰学校のみならず、社会や家庭も巻き込むことが必要。

⑱それぞれの立場で「情報の共有化」や「児童生徒への教育」を進めることが必要。

このような要約の箇条書きを、「骨子」と呼ぶことにします。この18項目を、次の頁でカテゴリー分けしてみます。

‖ 骨子のカテゴリー分け

骨子18項目を、いくつかのカテゴリーに分類してみます。以下の5つのカテゴリー分けは、その1つの例です。

(1)情報社会の特性……⑦⑧

(2)情報社会のプラス面……具体的記述がないので、補う必要があります。

(3)情報社会のマイナス面……この記述も⑨のみなので、補う必要があります。

(4)情報モラル教育の必要性……①②④⑤⑥⑩

(5)児童生徒に対する情報モラル教育のあり方……⑪⑫⑬⑭⑮⑯⑰⑱

(③は省略しました)

改善案

上記の「骨子のカテゴリー分け」をもとに、たとえば以下のような見出しを設けて構成し直せば、とても分かりやすくなります。

(1)情報社会の特性

- コンピューターや携帯電話などを通して、情報が瞬時に世界中に伝達される。
- 誰もが情報の送り手と受け手の両方の役割を持つ。
- 対面コミュニケーションではなく、匿名性がある。（この項目は補いました）

(2)情報社会のプラス面

- あらゆる種類の情報が、瞬時に手に入る。仕事を効率的に進め、生活を豊かにするために、大きな武器となる。（この項目は補いました）

(3)情報社会のマイナス面

- 対面コミュニケーションでは考えられないような誤解を招く可能性がある。
- 匿名性があるので、他人の人権、知的財産権を侵したり、さまざまな犯罪に悪用される危険もある。（一部補いました）
- 情報機器に過度に依存すると、健康に悪影響を与える可能性もある。

(4) 情報モラル教育の必要性

■情報社会のプラス面を生かし、マイナス面を抑えるために、すべての国民が情報モラルを身につける必要がある。

(5) 児童生徒に対する情報モラル教育のあり方

■既にネットや携帯を利用している児童生徒に対してのみならず、これから利用する児童生徒にも早い時期から情報モラル教育を行うことが必要。

■学習指導要領では、

- 他者への影響を考える。
- 人権、知的財産権など、自他の権利を尊重する。
- 情報社会での行動に責任を持つ。
- 情報を正しく安全に利用し、危険を回避する。
- コンピューターなどの情報機器の使用が、健康に及ぼす影響を理解する。

ことなどを各教科の中で教えることを目標としている。

■情報社会の進展に伴って、これらの目標は変化する可能性があるので、それに柔軟に対応すべきだ。

■学校のみならず、家庭でも、あるいは地域社会やマスコミなどを通しても、このような教育を徹底させることが必要。

これだけ整理されていれば、必ずしも箇条書きにする必要はありません。見出しを設け、小論文のような形で書いても読みやすいものになります。ただし、(5) の学習指導要領に関する５項目は、箇条書きにすべきです。

‖まとめ

⑴ここで行った「骨子の再構成」は、全体の構成を考えて書く時にとても有効な方法です。

⑵具体的には、文章をある程度書いた後に、自分が書いたことの骨子を順番に書き出してみます。その際には、修飾語や枝葉の部分を取り去り、なるべく短く箇条書きにします。

⑶次にその骨子をカテゴリー分けし、話の順番を考えて再構成し、それにしたがって全体を書き直します。そうすれば、構成の優れた分かりやすい文章をまとめることができます。

⑷これは、本章の扉に「理想論」として書いた「設計図」を最初に作るのではなく、ある程度書き進めた後に作る方法です。

⑸限られた時間内の小論文試験などの時には、頭の中にあることの半分か三分の一程度をザッと書いた段階で、この（CP55）のプロセスをたどって骨子の再構成をしても、優れた構成の文章を書くことができます。

コラム６　読み手にとって必要な情報と不要な情報

新潟県で３年ごとに「大地の芸術祭」が行われている。そこに参加した学生たちはとても印象的な経験をしたようで、何人もがそのことを文章にして私のところに持って来た。

ところが、どれを読んでも「どんなことをしたのか」がなかなか理解できなかった。ある学生は、次のように書いていた。

> 私がかつて大きな困難に直面したのは、新潟の「大地の芸術祭」に、研究室で参加した時です。100㎡の土地が与えられ、会期は３ヵ月と長く、私にとって初めての経験ばかりでした。困難に直面したのは、屋内ではなく屋外の展示ということです。雨風を防ぐために「雪」にポリプロピレン紙を使用することで雨から守り、上下にレイヤーをつくることで風による絡まりを防ぎました。施工段階でこのような問題が起きましたが、新潟の方々とも協力し、この展示を成功に導くことができました。

この文章を書いた学生にいろいろ質問したところ、最後は次のような改善案を自ら書いて来た。

> 新潟の「大地の芸術祭」に研究室で参加した時に、与えられた100㎡の土地で、高さ３メートルの所か

ら地表まで雪が降る様を表現しました。大中小の約2000個の雪の結晶を、それぞれバスケットボール、ハンドボール、ソフトボールくらいの大きさで作り、釣り糸に付けて立体的に配置しました。

雪は、雨にも強いポリプロピレン紙で作りました。釣り糸は三角形を組み合わせた面状にして、横に何層にも張り、そこに雪を付け、それを上下から釣り糸で引っ張って高さに変化をつけました。新潟の方々と協力して作り上げたその展示は、3ヵ月間とても好評でした。

原文の「私にとって初めての経験ばかりでした」は、書かなくても想像できる。
「雨風を防ぐために」は、後に「雨から守り」「風で絡まるのを防ぎ」とあるので重複している。
「困難に直面したのは、屋内ではなく屋外の展示ということです」も不要だ。風雨の説明によって、それは分かっている。
「上下にレイヤーをつくる」は、読み手の側に回ってみれば、「これでは何のことか分からないだろう」と想像できるはずだ。

一番大切なのは、「大中小の2000個の雪の結晶を、釣り糸を使って空中に配置した」ということだった。その肝心なことをどの学生も書かなかったのは、自分たちにとってあまりにも当たり前なことだったからだろう。

第2部 応用編

以下の45問を、
「事実関係や自分の考えを、簡潔・明瞭に伝え、理解と共感を得る」
という目的にかなうように、書き直してみてください。

注：最初の５問は、読点の打ち方に関するものです。

問１｜原文

北アフリカ最高峰 4165 mのトゥブカル山を有するアトラス山脈がモロッコを大きく北と南の２つの地域に分けている。

問２｜原文

私はこの職場が好きで、誇りに思っているからこそ商品が褒められると自分が褒められたように嬉しい。

問３｜原文

吹奏楽部に入部してトロンボーンを吹くうちにその音の素晴らしさや、合奏の楽しさを発見して夢中になり放課後も遅くまで練習するようになりました。

問1｜改善案

北アフリカ最高峰4165 mのトゥブカル山を有するアトラス山脈が、モロッコを大きく北と南の２つの地域に分けている。

長めの主語の後に読点を打ちました。(CP47)

問2｜改善案

私はこの職場が好きで誇りに思っているからこそ、商品が褒められると自分が褒められたように嬉しい。

理由の説明が終わった所に、読点を打ちます。(CP48)
「好きで誇りに思っている」という一連の言葉は、読点で分断しないようにします。(CP50)

問3｜改善案

吹奏楽部に入部してトロンボーンを吹くうちに、その音の素晴らしさや合奏の楽しさを発見して夢中になり、放課後も遅くまで練習するようになりました。

時間の経過を追って、次のステップに移る前に読点を打ちました。そこに意味の切れ目があると見たからです。(CP46)
「素晴らしさや楽しさを発見」という一連の意味を、読点で分断しないようにします。(CP50)

問4｜原文

日本には無宗教の人が多い。良いのか悪いのか、私には分からないが外国の人には不可解なのだろう。

問5｜原文

発売から、わずか３日で切符は売り切れました。

問6｜原文

普段通らない道を通って新しい発見や、道端に咲いている花や散歩している犬を見つけたりするのは楽しいことです。

問7｜原文

地球温暖化は異常気象の増加や生態系の変化など、生命は危機的状況にある。

問4 ｜ 改善案

日本には無宗教の人が多い。良いのか悪いのか私には分からないが、外国の人には不可解なのだろう。

「良いのか悪いのか分からない」を読点で分断しないようにします。（CP50）
逆接の所に読点を打ちました。（CP46）

問5 ｜ 改善案

発売からわずか３日で、切符は売り切れました。

「発売から３日」が１つの意味の固まりですから、読点で分断しないようにします。（CP50）

問6 ｜ 改善案

普段通らない道を通って新しい発見をしたり、道端に咲いている花や散歩している犬を見つけたりするのは楽しいことです。

「発見をする」という述語を補いました。（CP02）

問7 ｜ 改善案

地球温暖化は異常気象の増加や生態系の変化などをもたらし、生命は危機的状況にある。

「もたらす」という述語を補いました。（CP02）

問8｜原文

東京のレストランのサービスの良さや、アミューズメントパーク、イベントなども豊富である。

問9｜原文

これから先その友人とは、お互いに就職や家庭を持ったりして、あまり会えなくなると思います。

問10｜原文

地球環境というテーマで小論文を書くことにより、環境問題を考えるよい機会になった。

問8 ｜改善案

東京はレストランのサービスが良く、アミューズメントパーク、イベントなども豊富である。

原文は、一つの述語「豊富である」ですべてを受けようとしているので、「サービスの良さが豊富である」という文になってしまっています。
上の改善案とは別に、新しい述語「嬉しい」を設け、「サービスの良さ」や「…の豊富さ」が「嬉しい」とする案もあります。（CP03）

問9 ｜改善案

これから先その友人とは、お互いに就職したり家庭を持ったりして、あまり会えなくなると思います。

原文は、「就職を持ったり、家庭を持ったり」という形になってしまっています。1つの述語で済ませたければ、「就職や結婚をしたりして」でしょう。（CP03）

問10 ｜改善案

地球環境というテーマで小論文を書くことは、環境問題を考えるよい機会になった。

「書くことにより」とせずに、「書くことは」とシンプルに書けば、主語と述語がかみ合います。（CP04）（CP12）

問 11 | 原文

職場で嫌なことがあった時や、自分がとても苦しい時、反対に嬉しい時を共に経験するのは、家族の存在が絶対的なものだと思います。

問 12 | 原文

映画「スターウォーズ」で驚かされることは、制作費を監督が全資金を出したことだ。

問 13 | 原文

人より習得に時間がかかる私にできることは、努力するしかない。

問 11｜改善案

職場で嫌なことがあった時や、自分がとても苦しい時、反対に嬉しい時に、その思いを共にしてくれる家族の存在は、絶対的なものだと思います。

「思いを共にしてくれる家族の存在は、絶対的なものだ（＝他に比べるもののない唯一のものだ）」で、きちんとした文になります。
「共に経験するのは、家族の存在が絶対的だ」では、主語と述語がかみ合っていません。（CP04）

問 12｜改善案

映画「スターウォーズ」で驚かされることは、制作費を監督がすべて出したことだ。

原文は、「製作費を」「全資金を」と、目的語が２つあるかのようです。「全資金を」は、「すべて」という副詞のようなつもりだったのでしょう。（CP05）

問 13｜改善案

人より習得に時間がかかる私にできることは、努力することしかない。

「できること」という名詞は、「努力する」という動詞ではなく、「努力すること」という名詞で受けます。（CP07）

問 14 | 原文

10 年後の理想は、海外でバリバリ働いていることが望ましい。

問 15 | 原文

驚いたのは、満員電車の中でお化粧をする女性がいた。

問 16 | 原文

私のイメージでは、３つの条件が揃うと、風通しの良い職場になると感じている。

問 14｜改善案

10 年後の理想は、海外でバリバリ働いていることだ。

「理想」という名詞は、「望ましい」という形容詞ではなく、「こと」という名詞で受けます。(CP07)

問 15｜改善案

驚いたのは、満員電車の中でお化粧をする女性がいたことだ。

または

驚いたことに、満員電車の中でお化粧をする女性がいた。

「驚いたの」は、「驚いたことは」と同じ名詞ですから、「いた」という動詞ではなく「いたこと」という名詞で受けます。(CP07)
「驚いたことに」と始めれば、「いた」でかみ合います。

問 16｜改善案

私は、３つの条件が揃うと、風通しの良い職場になると感じている。

「イメージ」と「感じ」は多分に重複していますから、原文は「私のイメージでは…というイメージを持っている」と書いたようなものです。(CP08)
「私は、感じている」とすれば、シンプルです。

問 17｜原文

業務文書の作成において、「結論を最初に提示する」ことに気をつけて作成してきました。

問 18｜原文

地球温暖化の原因は、人間の産業活動によって排出された温室効果ガスによって引き起こされた。

問 19｜原文

田中君は小林さんが、鈴木君が森さんに思いを寄せていることに気づいていると思っている。

問 17｜改善案

業務文書を作成する際に、「結論を最初に提示する」ことに気をつけてきました。

「作成において」「作成してきました」と、最初と最後に同じことを書いていました。（CP08）

問 18｜改善案

地球温暖化は、人間の産業活動によって排出された温室効果ガスによって引き起こされた。

「原因は引き起こされた」ではなく、「温暖化は引き起こされた」です。（CP09）

問 19｜改善案

鈴木君が森さんに思いを寄せている。田中君は「小林さんがそのことに気づいている」と思っている。

これは主語が３つあるケースです。まず文を２つに分けます。最初の文で、事実だけを切り離して書きます。（CP11）
それだけでもかなり分かりやすくなりますが、田中君が思っていることを「　」でくくると、さらに分かりやすくなります。（CP51）

問 20｜原文

私の町内では近所の子供を家に上げて、おやつを食べたりするのは普通のことだ。

問 21｜原文

彼の性格として、マイペースだが協調性がある。

問 22｜原文

週報を書くのに毎週とても苦労します。自分の業務内容を他人に分かるように伝えるのが難しいと感じるからです。

問 20｜改善案

私の町内では近所の子供を家に上げて、おやつを食べさせたりするのは普通のことだ。

前半の主語は「大人」、後半の主語は「子供」になっていました。それを「大人」で一貫させました。「一緒に食べる」とする案もあります。(CP10)

問 21｜改善案

彼の性格面の特徴は、マイペースだが協調性があることだ。

または

彼は、マイペースだが協調性がある。

第1の改善案は、「こと」で受けました。(CP07)
第2の改善案は、「性格」という言葉を使わず、主語を単純にしました。(CP12)

問 22｜改善案

週報を書くのに毎週とても苦労します。自分の業務内容を他人に分かるように伝えるのが難しいからです。

「苦労する」と「難しいと感じる」とは、ほとんど同義です。ですから原文は、「苦労するから苦労する」と言っているようなものです。
「難しいから苦労する」とすれば、因果関係をより的確に表現できます。(CP14)

問 23 | 原文

私にとって、友達は空気のような存在です。とても大事な存在で、もしいなかったら絶対に困るし、そんなことは想像もできません。

問 24 | 原文

臨時収入があったので、いつもは高価で敬遠するハードカバーの本も買いたい。

問 25 | 原文

仕事でいろいろな人と接する機会が多く、今では初対面の人も苦にしなくなりました。

問 23｜改善案

私にとって、友達は空気のような存在です。いてくれるのが当たり前で、その存在をあまり意識しませんが、もしいなかったら絶対に困るからです。

空気のような存在とは、「なくてはならないものだが、その存在を忘れてしまいがち」ということですから、「友達がいない状態など想像もできない＝存在をいつも意識している」とは、矛盾しています。もし「その存在を忘れたことはない」と言いたいのなら、空気に譬《たと》えるのは適当ではありません。（CP15）

問 24｜改善案

臨時収入があったので、いつもは敬遠する高価なハードカバーの本も買いたい。

「いつもは敬遠する」「高価な本」というふうに、修飾語と被修飾語を密接させると、スラスラ理解できる文章になります。（CP16）

問 25｜改善案

仕事でいろいろな人と接する機会が多いので、今では初対面の人も苦にしなくなりました。

曖昧接続を避けて、因果関係を明確に表現します。（CP20）

問 26 | 原文

コンビニにとって、商品販売以外のサービスを強化していくことが、今後の生き残りに大きく影響すると思う。

問 27 | 原文

私が一生懸命働くことで売上が上がると嬉しい。

問 28 | 原文

東京は人口も密集していて業者自体も東京のお店のほうには在庫を多く置くなどしている。

問 26｜改善案

コンビニにとって、商品販売以外のサービスを強化していくことが、今後の生き残りのために必要だと思う。

遠回しに言わずに、ストレートに書くべきです。（CP17）

問 27｜改善案

私が一生懸命働いた結果、売上が上がると嬉しい。

「ことで」がすべていけない訳ではありませんが、何でも「ことで」でつなぐと、安易な印象を与えます。より適切な表現を探しましょう。（CP21）

問 28｜改善案

東京は人口が密集しているので、業者はお店に多くの在庫を準備している。

「東京」「東京」と続く時には、どちらかは省けます。（CP26）

「していて」と曖昧に続けないで、「しているので」と因果関係を明確にします。（CP20）

「業者自体」「お店のほうには」「置くなど」の「自体」「ほうには」「など」のような無意味な言葉は省きます。（CP29）

問 29 | 原文

販売士の資格を取るために勉強したことによって、流通の仕組みやマーケティングについても理解でき、御社に入社した後には、販売士で学んだ知識を生かしながら、実際に働いて得られる経験によってスキルアップにつなげていきたいと思います。（112 字）

問 30 | 原文

コンビニの小さな店舗に幅広い商品を置くには、それぞれに厳選された売れる商品を置く必要があります。結果、流行や売れ筋に敏感になり、消費者は、コンビニに行くと流行が見え、新しい発見があるのではという期待感とともに行くのではと思います。

問 29｜改善案

販売士の資格を取るための勉強を通して、流通の仕組みやマーケティングについても理解することができました。御社に入社後は、その知識の上に実際の経験を重ね、スキルアップを図りたいと思います。（92 字）

「理解でき」と曖昧につなげずに、「理解することができました」と言い切って、一旦着地します。（CP24）
重複を避け、削れる言葉は削り、簡潔な表現を探すことによって、全体では 18％文字数が減りました。（CP28、29、30）
最後の「つなげていきたい」も冗長です。（CP43）

問 30｜改善案

コンビニの小さな店舗に幅広い商品を置くためには、売れる商品を厳選する必要があります。その結果、コンビニの品揃えは流行や売れ筋に敏感になります。だから消費者は、「コンビニに行くと流行が見え、新しい発見がある」という期待を持って行くのではないかと思います。

「置く」「置く」、「では」「では」と続くのは、望ましくありません。（CP26）
「それぞれに」は、不要です。（CP30）
「結果、」と書き始めるのは言葉足らずです。（CP44）
期待も「　」でくくると、読みやすくなります。（CP51）
３つの文に分けた方が、分かりやすくなります。（CP24）

問 31 | 原文

私の交通手段は、ほとんど電車で済ますことができている。電車を利用すれば、都内で行けない所はほとんどないように思われる。(59 字)

問 32 | 原文

貴社のセミナーに参加していく中で、社員の方の自社製品に対する熱い思いを感じました。

問 33 | 原文

東京は、生活する上で、生活費が高い。

問 34 | 原文

今、話題の中心は、就職のことがメインになっています。

問 31 | 改善案

私は、都内ならどこへでも電車で出かける。それで行けない所はほとんどない。(36 字)

より簡潔な表現を探しましょう。(CP31)

問 32 | 改善案

貴社のセミナーに参加した時に、社員の方の自社製品に対する熱い思いを感じました。

「いく」は余計です。(CP43)
「中で」も、格別の意味がありません。(CP29)

問 33 | 改善案

東京は、生活費が高い。

「生活」「生活」とすぐに続けないようにします。(CP26)

問 34 | 改善案

今、話題の中心は、就職のことです。

「中心」と「メイン」は、同じことです。同じ意味のことを重複して書かないようにします。(CP28)

問 35｜原文

何を書こうかとあれこれ模索したものの、なかなか思いつかない。考えた挙げ句、適当な言葉が見つからないので、先生に相談した。

問 36｜原文

上司は何に気づいていないのか。それは、アドバイスされる側が敏感に感じている、アドバイスする側のアドバイスされる側に対する理解不足である。

問 35｜改善案

何を書こうかとあれこれ模索したものの、なかなか思いつかないので、先生に相談した。

「模索した」と「考えた」、「思いつかない」と「言葉が見つからない」が重複しています。（CP28）

問 36｜改善案

上司は、アドバイスされる部下の仕事や気持ちを十分理解していない。そのことを、部下は敏感に感じ取っているが、上司はそれに気づいていない。

「アドバイスされる側が…、アドバイスする側の…アドバイスされる側に対する」という表現には、読み手はなかなかついて行けません。２人の当事者の関係が入り組んでいるからです。（CP11）
「アドバイスされる側（部下）が敏感に感じている」という修飾語（挿入句）を別の文にして後に添えると、分かりやすくなります。（CP24）（CP25）
「仕事や気持ち」と補ったのは推測ですが、このように「理解」について説明を加えると、より分かりやすくなります。

問 37 | 原文

これからの時代、英語はビジネスの場で今よりもますます必須になってくるはずだ。

問 38 | 原文

思い描いていたアメリカでの生活は、想像以上にきついものでした。

問 39 | 原文

(1) その結果をとても満足している。
(2) 生まれ育った環境に嘆いていても始まらない。

問 40 | 原文

「待受画面」は、すべての操作のスタート画面になります。（ある携帯電話の操作ガイドから）

問 37｜改善案

これからの時代、英語はビジネスの場で今よりもますます必要になるはずだ。

「必須」は、「絶対的に必要なもの」という意味ですので、そこに程度の差は本来ありません。「ますます必須」とは言わないのです。（CP33）
「くる」は、不要です。（CP43）

問 38｜改善案

現実のアメリカでの生活は、想像以上にきついものでした。

「思い描いていたアメリカでの生活」では、まるで「夢の中のアメリカ」のようです。（CP34）

問 39｜改善案

(1) その結果にとても満足している。
(2) 生まれ育った環境を嘆いていても始まらない。

「に」と「を」の使い分けです。（CP40）

問 40｜改善案

「待受画面」は、すべての操作のスタート画面です。

「です」で済むところを、「なります」と書くのは避けましょう。（CP42）

問 41 | 原文

ほとんどの人が、幸せとは何かを日々探りながら生活していっている。

問 42 | 原文

東京の新宿、青山、上野などは、それぞれ集まる客層が違ってきます。

問 43 | 原文

パーカッションは、打楽器全般を意味します。なので、さまざまな楽器を練習しなければなりません。

問 44 | 原文

私はその人の前に出ると、ものすごい気を使います。

問 41｜改善案

ほとんどの人が、幸せとは何かを日々探りながら生活している。

「生活している」という表現そのものが、継続を表しています。ですから「いく」は余計です。(CP43)

問 42｜改善案

東京の新宿、青山、上野などは、それぞれ集まる客層が違います。

「くる」が余計です。(CP43)

問 43｜改善案

パーカッションは、打楽器全般を意味します。ですから、さまざまな楽器を練習しなければなりません。

文頭に「なので」は使いません。(CP44)

問 44｜改善案

私はその人の前に出ると、ものすごく気を使います。

「気を使う」という動詞の前には、「ものすごく」という副詞を使います。
「ものすごい人気だ」「ものすごい渋滞だ」のように、名詞の前には、「ものすごい」という形容詞を使います。(187 頁「コラム 5」参照)

―長文に関する次の問は、段落の頭を１字下げました。―

問45

　下記の原文の改善案を、次のステップを踏んで作成してください。（CP55）の応用問題です。

⑴原文の骨子を書き出す。

⑵それをカテゴリー別に再構成する。

⑶それをもとに、いくつかの段落に分けて分かりやすく書きなおす。

⑷その際、論点を絞り込むために、一部の内容を割愛することも検討する。

原文

　私は御社の海外部で、コスメ・ファッションを世界に広げる仕事をしたいと考えています。私はアメリカ留学中、世界のトップブランドからドラッグストアで購入できるブランドまで、さまざまなブランドのビューティーショップを訪れ、商品の種類やディスプレイ、キャンペーン、販売の仕方などを、消費者の側から見てきました。御社のコスメ商品は種類が豊富で、さまざまなニーズに対応できる強みを持っています。特にアイシャドウやネイル商品の豊富さは、魅力の一つです。上質な成分を配合し、肌への優しさに心を配っているのも強みです。また、御社の独特のトレードマークは多くの女性に好まれるデザインで、とても魅力的だと思います。商品の質にこだわるだけでなく、ビジュアル面でのアピールにもこだわっている点が、消費者の共感を呼んでいると思います。また、私は熱烈なファッション・ウォッチャーで、トレンド・センスに自信があります。そのセンスを生かして、御社ならではの優れた商品を海外マーケットに提供していきたいと思います。留学から帰国後、私は販売士２級の資格を取るために勉強しました。そこで、消費者の購買行動や、流通の仕組み、マーケティング、会社の仕組みなどについて学ぶことができました。そこで学んだ知識を生かしながら、実社会の中で経験を積み、スキルアップを図りたいと思います。一段と高いスキルを身につけ、日本市場のニーズのみならず世界市場のニーズも把握できるスペシャリストになることを目指します。私が御社でやりたいことをやり遂げるために、商品を提供する立場からだけではなく、消費者の目線で考えられるように努めます。また、語学力の向上を目指します。英語をビジネスでも使えるように、今まで以上に向上心を持って取り組んでいきます。そして、仕事をするにあたって、同じ目標に向かって努力する仲間との良い関係を築けるように心がけます。持ち前の明るさでコミュニケーションを図りながら、仲間と協力し、また後輩指導にも力を入れて取り組んでいきます。(843字)

骨子

①私は御社の海外部で、コスメ・ファッションを世界に広めたい。

②アメリカ留学中に、さまざまなブランドのビューティーショップを訪れた。

③そこで、商品の種類や販売方法などを、消費者の側から見てきた。

④御社のコスメ商品は種類が豊富。特に、アイシャドウやネイル商品が豊富。

⑤上質な成分を配合し、肌にも優しい。

⑥御社のトレードマークは魅力的。ビジュアル面でのアピールも優れている。

⑦私は、トレンド・センスに自信がある。

⑧そのセンスを生かして、御社の製品を海外に広めたい。

⑨販売士の資格を取るために、流通、マーケティングなど、多くのことを学んだ。

⑩入社後はその知識を生かし、さらにスキルアップを図りたい。

⑪日本市場のニーズのみならず世界市場のニーズも把握できるスペシャリストになりたい。

⑫商品を提供する立場からだけではなく、消費者の目線に立って考えたい。

⑬英語力の向上に努める。

⑭仲間と良い関係を築く。

⑮後輩指導にも力を入れる。

骨子のカテゴリー分け

(1)御社の商品は優れている……④⑤

(2)ビジュアル・ポリシーも優れている……⑥

(3)私は、アメリカでコスメ・ファッションを消費者の側から学んだ。トレンド・センスにも自信がある……②③⑦

(4)販売士の勉強を通して、流通、マーケティングなど多くのことを学んだ……⑨⑩

(5)海外経験、英語力、トレンド・センスや、販売士の勉強で学んだことを生かして、御社のコスメ・ファッションを、世界に広めたい……①⑧⑪⑫⑬

(6)仲間と良い関係を築き、後輩も育てたい……⑭⑮

このように整理した時に、はたして（6）も言うべきかどうかは考えどころです。あれこれ言うと、焦点がぼけてしまって読み手に強い印象が残りません。論点を絞り込めば、それだけはっきりとしたメッセージが伝わります。私は（5）までで話を終えることを勧めたいと思います。

そうすると、（1）から（5）までを各々１つの段落にまとめた、次のような改善案ができ上がります。

改善案

御社のコスメ商品は種類が豊富で、さまざまなニーズに対応できる強みを持っています。特にアイシャドウやネイル商品の豊富さは、魅力の一つです。上質な成分を配合し、肌への優しさに心を配っているのも強みです。

また、御社の独特のトレードマークは、多くの女性に好まれるデザインでとても魅力的です。商品の質にこだわるだけでなく、ビジュアル面でのアピールにもこだわっている点が、消費者の共感を呼んでいると思います。

私はアメリカ留学中、世界のトップブランドからドラッグストアで購入できるブランドまで、さまざまなブランドのビューティーショップを訪れ、商品の種類やディスプレイ、キャンペーン、販売の仕方などを、消費者の側から見てきました。熱烈なファッション・ウォッチャーで、トレンド・センスにも自信があります。

留学から帰国後は、販売士２級の資格を取るために勉強しました。そこで、消費者の購買行動や、流通の仕組み、マーケティング、会社の仕組みなどについて学ぶことができました。そこで学んだ知識を生かしながら、実社会の中で経験を積み、スキルアップを図りたいと思います。

私の希望は、御社の海外部でコスメ・ファッションを世界に広げる仕事をすることです。自分のファッション・センスを生かして、御社ならではの優れた商品を海外マーケットに提供していきたいと思います。一段と高いスキルを身につけ、日本市場のニーズのみならず世界市場のニーズも把握できるスペシャリストになることを目指します。その際には、商品を提供する立場からだけではなく、消費者の目線で考えられるように努めます。また、語学力の向上を目指します。英語をビジネスでも使えるように、今まで以上に向上心を持って取り組んでいきます。(723字)

ポイント

原文は、ほぼ850字の文章が1つの段落からなっていました。これでは、読む前から圧迫感を与えてしまいます。第6章の扉に、「1つの段落は、長くても250字以内に」と書きました。

内容を見ると、案の定「また」「そして」というつなぎの言葉を合計5つ使って、さまざまなことを書き連ねていました。自分の話から入り、「御社」の話をした後、また自分の話に戻ってもいます。

書いた人はいろいろな思いを込めているのでしょうが、このような書き方をすると、読む人には混沌とした印象を与えてしまいます。結局伝えたいことがよく伝わらず、「理解と共感を求める」という目的を果たすことができません。

おわりに

37年間ビジネスマンをやり、企業経営が主たる関心事であった私が、3冊目の文章論を書くことになったのは、不思議な巡り合わせによるものです。

そもそもは、「今年1年でビジネスから卒業する」と決めた2003年の正月から、大学時代に書き溜めた24冊の「心のノート」をひもとき、1冊の本にまとめる作業を始めました。そして、毎日寝る前に1時間ほどその作業に集中するのが楽しみになりました。その最初の本によって、大学で文章指導をする仕事に導かれました。

続いて、合計4回10年にわたる海外生活の記録をもとに、ヒューマン・エッセーのような本を書きました。その本は、韓国やタイの大学で何度か講義をする機会を与えてくれました。

その次に、『明快な文章』(くろしお出版)を書いたのは、学生時代もビジネスマン時代も、簡潔・明瞭とは程遠い文章に散々悩まされていたからです。

そこで思いの丈《たけ》を書いた後、「もう少し力を抜いて、気楽に読める実践的な本を書こう」と思い立ち、『文章力の基本』(日本実業出版社)を書きました。その本が、幸いにも半年あまりで16刷に達し、今回この本を書くように励まされることになったのです。

この本は、電車の中などでもクイズを解くようにして課題文について考えていくと、実践的な文章力が身につくように工夫してみました。

また、「明快な文章を書くための55のチェックポイント」を、さまざまな角度から何度も吟味するような構成にもしてみました。

内容的な特徴の1つは、第1章「『文』にして伝える」にあると思います。私はこのような基本が何よりも大切だと信じています。第6章「全体の構成を考える」も特徴の1つです。これは、『明快な文章』（前掲）の第7章「構成」を、発展させたものです。

この本と並行して、15歳から19歳までの生き方に関する本の原稿も書きました。振り返ると、若い時から常にいろいろな思いや悩みを抱え、それを何とか自分自身に納得のいくように説明しようとして文章を書いていたことが、文章力の土台になったのだと思います。

その後、企業の企画畑と国際畑で明快な文章表現力を問われ続けたことも、文章の書き方について関心を深める結果になりました。

皆様が今後、仕事や勉強の面でも、社会生活においても、明快な文章表現力を武器に活躍されんことをお祈りしています。

著者

阿部紘久（あべひろひさ）

1943年生まれ。東京大学卒。帝人で宣伝企画、国際事業企画、経営企画に携わり、繊維国際部長などを務めた後、米国系IT関連企業のCEOに就任。2005年から昭和女子大学ライティング・サポート・センターで文章指導を行う傍ら、社会人も指導している。
著書に『明快な文章』（くろしお出版）、『文章力の基本』（日本実業出版社）などがある。

装幀＝Malpu Design（清水良洋）
本文デザイン＝Malpu Design（佐野佳子）
挿画＝福々ちえ

文章力《ぶんしょうりょく》の基本《きほん》100題《だい》

2010年6月25日　初版1刷発行
2023年8月20日　　　8刷発行

著者　阿部紘久《あべひろひさ》
発行者　三宅貴久
発行所　株式会社 光文社
〒112-8011　東京都文京区音羽1-16-6
電話　編集部03-5395-8172　書籍販売部03-5395-8116　業務部03-5395-8125
メール　non@kobunsha.com
落丁本・乱丁本は業務部へご連絡くだされば、お取替えいたします。
組版　萩原印刷
印刷所　萩原印刷
製本所　ナショナル製本

ISBN 978-4-334-97617-0